秒懂
公文写作
应用技巧

博蓄诚品 编著

全国百佳图书出版单位

化学工业出版社

·北京·

内 容 简 介

本书本着系统全面、学以致用的原则，详尽地阐述了各类公文的写作方法与技巧。全书共分9章，分别介绍了公文写作的基本知识，公务类文书、事务类文书、经济类文书、规章类文书、会议类文书、贸易类文书、书信类文书以及礼仪类文书的写作方法和注意事项。书中选取的案例具有较强的代表性，贴近实际需求，引导读者边学习、边总结、边实践。

本书采用全彩印刷，版式活泼，重难点一目了然，语言通俗易懂，非常适合党政机关、企事业单位、高校及科研院所中从事行政、文秘等工作的人员，以及备考公务员、事业单位的考生学习使用，还可作为相关培训机构的教材及参考书。

图书在版编目（CIP）数据

秒懂公文写作应用技巧/博蓄诚品编著. —北京：化学工业出版社，2023.6
ISBN 978-7-122-43123-3

Ⅰ.①秒… Ⅱ.①博… Ⅲ.①公文-写作 Ⅳ.①H152.3

中国国家版本馆CIP数据核字（2023）第047080号

责任编辑：耍利娜 　　　　　　　　　　文字编辑：吴开亮
责任校对：李　爽 　　　　　　　　　　装帧设计：尹琳琳

出版发行：化学工业出版社（北京市东城区青年湖南街13号　邮政编码100011）
印　　装：天津市银博印刷集团有限公司
880mm×1230mm　1/32　印张7¾　字数222千字　2023年9月北京第1版第1次印刷

购书咨询：010-64518888 　　　　　　　售后服务：010-64518899
网　　址：http://www.cip.com.cn
凡购买本书，如有缺损质量问题，本社销售中心负责调换。

定　　价：59.80元

公文写作是指公务文书的起草与修改。公文的类型比较多，大到国家机关颁布的法令、条例，小到企事业单位发布的制度、通知。可以说，从事文秘、行政类工作的人员，多多少少都会接触到公文。不同公文的写作格式、方法都有差异。掌握公文写作的要领，进而写好一篇公文，正是我们编写本书的目的所在。

本书运用大量的公文模板及范文来对一些常用的公文进行详细的说明，并以图文结合的形式对各类公文模板中的关键要点进行标注，帮助读者理清思路，更新写作观念，巩固写作基础。当读者掌握了一定的公文写作基础后，再通过仿写去摸索门道，可以逐步掌握一些写作的规律。模仿多了，自然就能得心应手了。

1. 本书内容安排

本书介绍了50多种公文的写作方法，系统全面，丰富翔实。其中第1章阐述了公文的概念以及公文的基本结构，是全书的重点与关键。读者在此基础上，去学习各类文书的写作，就会轻松不少。

第1章
公文写作基础
· 公文概述
· 公文写作的基本思路

第2章
公务类文书
· 命令
· 决定
· 公告
· 通告
· 通知

第3章
事务类文书
· 计划
· 总结
· 述职报告
· 简报
· 调查报告

第4章
经济类文书
· 可行性研究报告
· 审计报告
· 财务分析报告
· 招标书

第5章
规章类文书
· 制度
· 章程
· 条例
· 办法
· 规定

第6章
会议类文书
· 会议记录
· 会议方案
· 会议通知
· 会议讲话稿

第7章
贸易类文书
· 合作意向书
· 询价函
· 订购函
· 催款函
· 索赔函

第8章
书信类文书
· 推荐信
· 感谢信
· 公开信
· 申请书
· 保证书

第9章
礼仪类文书
· 邀请书
· 喜报
· 讣告
· 悼词

本书对公文文种的概念、写作特点、文种类型、写作格式以及写作注意事项都进行了详细说明，帮助读者迅速理解各文种的特性，以便加深印象。

2. 选择本书的理由

（1）系统全面，覆盖面广

本书涵盖了各种不同的公文文种，包括公告、决定、报告、请示、函、会议纪要、喜报、讣告等。通过学习本书，读者可轻松应对各类文书的写作。

（2）范文多，仿写无压力

书中对每一类公文都给出了相应的格式模板及范文，每一篇范文都是经过认真挑选的，写作质量比较高，读者可以直接套写或仿写。

（3）时效性和规范性强

本书紧跟时代发展，所使用的范例几乎是近两年各政府网站中较为典型的公文内容，具有一定的规范性和时效性。

3. 学习本书的方法

（1）循序渐进

任何事物都有一个由量变到质变的过程，学习公文写作也不可能一蹴而就。正确的学习方法是循序渐进地跟着本书去了解各类公文结构，打好公文写作基础，慢慢积累，逐步实现由不会写到会写的转变。

（2）仿写公文

仿写是学习和记忆最好的方法。读者可以先从通知、公告、会议记录这类结构简单、篇幅短小的公文写起，逐步向工作意见、工作汇报、工作规划等相对复杂的文种拓展，直至决定、办法、条例等规范性较强的文种。通过多写多练才能掌握一定的写作规律，将别人的方法转换成自己的。

（3）比较鉴别

比较，是知好坏、晓优劣、见长短的有效方法。学习公文写作，也要学会用比较的方法，取人之长，补己之短，从中体会出一些写作门道，以供今后借鉴。

4.本书的读者对象

- ✓ 公文基础薄弱的新手；
- ✓ 机关、企事业单位文职人员；
- ✓ 备考公务员、事业单位的考生；
- ✓ 刚毕业即将踏入职场的大学生；
- ✓ 大、中专院校以及培训机构的师生。

本书在编写过程中力求严谨细致，但由于时间与精力有限，疏漏之处在所难免，望广大读者批评指正。

编著者

目录
CONTENTS

第 1 章 公文写作的基本知识

第 2 章 公务类文书写作

第3章　事务类文书写作

第4章 经济类文书写作

第5章 规章类文书写作

第 **6** 章 会议类文书写作

第7章　贸易类文书写作

第 **8** 章 书信类文书写作

第 9 章　礼仪类文书写作

公文写作的
基本知识

知识要点

1. 公文概述

2. 公文写作的基本思路

1.1 公文概述

公文是用来办理公务、具有规范体式的文字材料。在行政管理工作中，公文起到了传达政令政策、实施管理、处理公务的作用，使工作可以快速高效地进行。

1.1.1 公文的含义

公文指公务文书，是机关团体、企事业单位等组织在公务活动中形成的具有法定效力和规范体式的书面材料，是行政管理工作中不可替代的一种特殊的应用文体。在起草公文时，要根据工作需要确定公文文种，再根据不同的文种确定具体的公文内容。

1.1.2 公文的特点

公文作为一种特殊的应用文体，具有与一般文章截然不同的特点，如图 1-1 所示。

特定的作者	公文作者必须是国家立法赋予相应权力和承担相应义务的组织，即制发公文的机关
法定的权威	公文具有法定的权威性和行政约束力
特定的体式	公文具有明确的格式、起草和管理要求，必须按照规定的公文规范来制发
现实的效用	公文是在处理公务的现实活动中产生的，具有时效性，其作用随着工作目的的实现而消失或转化
特定的读者	公文一般都有着特定的读者，即主送机关、抄送机关和传达范围

图1-1

1.1.3　公文的作用

公文的性质、含义、特点等因素决定着公文的作用，具体体现在五个方面，如图1-2所示。

领导指导	联系公务	宣传教育	凭证依据	规范言行
公文是上级机关对下级机关进行领导和指导的重要工具和主要手段。党政领导机关可通过决定、通知等下行公文，指挥管理下级机关的工作	公文是交流联系、传递信息的重要渠道。通过公文可联系上下级、平级等机关单位，使信息或政令有效地流通或传达，促使工作有序进行	在制发公文时，要辅以必要的说明，以方便传达和贯彻政策。其中，通报等类型的公文具有明显的宣传教育作用	公文作为处理公务的专用文书，具有法定效力。同时公文有专业的管理与存档，是收文机关处理事务、开展工作的依据和凭证	决定、命令等公文具有法规的性质，是一定范围内人们行为的规范和准则，这类文件一旦生效，就必须坚决执行，不得违反

图1-2

1.1.4　公文的常见结构

一份完整的公文可分为三个部分，如图1-3所示。其中置于公文首页红色分隔线以上的内容为版头部分；置于红色分隔线以下至主题词之间的内容为主体部分；置于主题词以下的内容为版记部分。

图1-3

(!)　**注意事项：**

公文中的命令（令）、函及纪要具有特定的格式，在后续章节中会进行详细的介绍。

3

1.1.4.1 版头

版头部分包括份号、密级和保密期限、紧急程度、发文机关标志、发文字号及签发人等内容。

（1）份号

份号是指公文印制份数的顺序号，一般用6位三号阿拉伯数字顶格编排在版心左上角第一行。涉密文件必须标注份号。

知识链接：

> 公文用纸采用规定的A4纸，其成品幅面尺寸为210mm×297mm；公文用纸天头（上白边）为37mm±1mm，订口（左白边）为28mm±1mm；版心尺寸为156mm×225mm。

（2）密级和保密期限

密级是指公文的秘密等级，分为"绝密""机密"和"秘密"三级。保密期限是指公文的保密期限，至保密期限后公文将自行解密。

如需标注密级和保密期限，则用三号黑体字，顶格编排在版心左上角第二行；保密期限中的数字用阿拉伯数字标注，密级和保密期限之间用★分隔，如"绝密★1年"。

（3）紧急程度

紧急程度是指公文送达和办理的时限要求。根据紧急程度，紧急公文分为"特急"和"加急"两级；电报分为"特提""特急""加急"和"平急"四级。

如需标注紧急程度，则用三号黑体字，顶格编排在版心左上角；如需同时标注份号、密级和保密期限、紧急程度，则按照份号、密级和保密期限、紧急程度的顺序自上而下分行排列。

（4）发文机关标志

发文机关标志由发文机关全称或者规范化简称加"文件"二字组成，也可使用发文机关全称或者规范化简称。联合行文时，发文机关标志可以并用联合发文机关名称，也可以单独用主办机关名称。

发文机关标志居中排布，上边缘至版心上边缘为35mm，一般使用红色小标宋体字。联合行文时，如需同时标注联署发文机关名称，一般应当将主办机关名称排列在前；如有"文件"二字，应当置于发文机关名称右侧，以联署发文机关名称为准上下居中排布。

（5）发文字号

发文字号由发文机关代字、年份、发文顺序号组成。联合行文时，使用主办机关的发文字号。

下行文发文字号编排在发文机关标志下空两行位置，居中排布。年份、发文顺序号用阿拉伯数字标注；年份应标全称，用六角括号"〔〕"括入；发文顺序号不加"第"字，不编虚位(即1不编为01)，在阿拉伯数字后加"号"字。

上行文的发文字号居左空一字编排，与最后一个签发人姓名处在同一行。

（6）签发人

上行文应当标注签发人姓名。签发人居右空一字，编排在发文机关标志下空两行位置，由"签发人"三字加全角冒号和签发人姓名组成。"签发人"三字用三号仿宋体字，签发人姓名用三号楷体字。

联合发文时有多个签发人的，签发人姓名按照发文机关的排列顺序从左到右、自上而下依次编排，一般每行排两个姓名，回行时与上一行第一个签发人姓名对齐。最后一位签发人姓名应与发文字号处在同一行。

单一机关上行文公文版头部分示意如图1-4所示。

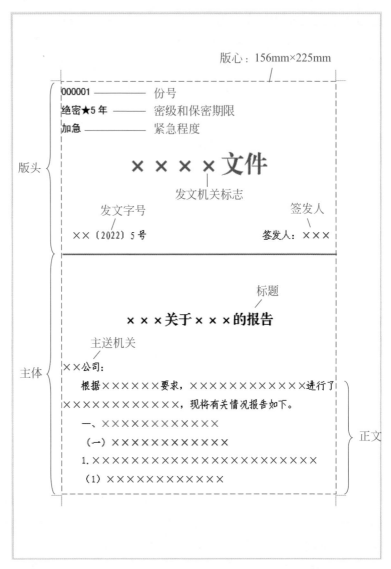

图1-4

注意事项：

签发人与发文字号之下4mm处标一条与版心等宽的红色分隔线。

1.1.4.2　主体

主体部分是公文中最主要的部分，包括标题、主送机关、正文、附件说明、发文机关署名、成文日期、印章、附注、附件等内容。

（1）标题

标题由发文机关名称、事由和文种组成。一般用二号小标宋体字，编排于红色分隔线下空两行位置，分一行或多行居中排列。回行时，要做到词意完整、排列对称、长短适宜、间距恰当。

(!) 注意事项：

四个及以上机关联合行文时，标题中的发文机关名称可简略。

（2）主送机关

主送机关是公文的主要受理机关，应当使用机关全称、规范化简称或者同类型机关统称。主送机关编排于标题下空一行，左侧顶格，回行时仍顶格，最后一个机关名称后标全角冒号。如主送机关名称过多导致公文首页不能显示正文时，需要将主送机关名称移至版记中的主题词之下、抄送之上，标识方法同抄送机关。

（3）正文

正文是公文的主体，表述了公文的内容。正文一般编排于主送机关名称下一行，每个自然段开头左空两字，回行顶格，其中字号、年份不能回行。文中结构层次次序数依次可用"一""（一）""1.""（1）"标注。一般一级标题用黑体字，二级标题用楷体字，三级标题、四级标题和正文用三号仿宋体字。

(!) 注意事项：

公文首页必须显示正文。

（4）附件说明

附件说明指公文附件的顺序号和名称。公文如有附件，应在正文下空一行左空二字编排"附件"二字，后标全角冒号和附件名称。如有两个及以上附件时，需使用阿拉伯数字标识附件序号，每个附件名称分行并列编排；附件名称后不加标点符号，附件名称过长需回行时，应当与上一行附件名称的首字对齐。

（5）发文机关署名

发文机关署名应当署发文机关全称或规范化简称。单一机关行文时，发文机关署名一般在成文日期之上，以成文日期为准居中编排；联合行文时，各发文机关署名应按照发文机关顺序编排在相应位置，并在其上加盖印章。

不加盖印章的公文若是单一机关行文，则应在正文（或附件说明）下空一行右空二字编排发文机关署名，发文机关署名下一行编排成文日期，成文日期首字比发文机关署名首字右移二字，若成文日期长于发文日期署名，应使成文日期右空二字编排，并相应增加发文机关署名右空字数；联合行文时应当先编排主办机关署名，其余发文机关署名依次向下编排。

🎞 知识链接：

若单一机关制发的公文需加盖签发人签名章时，应在正文（或附件说明）下空两行右空四字加盖签发人签名章，签名章左空两字标注签发人职务，以签名章为准上下居中排布，在签发人签名章下空一行右空四字编排成文日期；联合行文时，应当先编排主办机关签发人职务、签名章，其余机关签发人职务、签名章依次向下编排，与主办机关签发人职务、签发上下对齐，每行只编排一个机关的签发人职务、签名章且签发人职务应当标注全称。

（6）成文日期

成文日期是公文的生效时间，一般署会议通过或者发文机关负责人签发的日期。联合行文时，署最后签发机关负责人签发的日期。成文日期一般右空四字编排，其中的数字用阿拉伯数字标年、月、日，年份应标全称，月、日不编虚位。

（7）印章

公文中有发文机关署名的，应当加盖发文机关印章，并与署名机关相符。有特定发文机关标志的普发性公文和电报可以不加盖印章。

单一机关行文时，印章端正、居中下压发文机关署名和成文日期，使发文机关署名和成文日期居于印章中心偏下位置，印章顶端应距正文（或附件说明）一行之内；联合行文时，应将各发文机关署名按照发文机关顺序整齐排列在相应位置，并将印章一一对应、端正、居中下压发文机关署名，最后一个印章端正、居中下压发文机关署名和成文日期，印章之间排列整齐、互不相交或相切，每排印章两端不得超出版心，首排印章顶端应距正文（或附件说明）一行之内。

⚠ 注意事项：

印章需用红色，不得出现空白印章。当公文排版后所剩空白处不能容下印章或签发人签名章、成文日期时，可以调整行距、字距解决。

（8）附注

附注是指公文印发传达范围等需要说明的事项，一般居左空两字加圆括号编排在成文日期下一行。

（9）附件

附件是指公文正文的说明、补充或者参考资料。附件应当另面编排，与公文正文一起装订。"附件"二字及附件顺序号用三号黑体字顶格编排在版心左上角第一行，附件标题居中编排在版心第三行，附件顺序号和附件标题应当与附件说明的表述一致，附件格式要求同正文。若附件不能与正文一起装订，需在附件左上角第一行顶格编排公文的发文字号并在其后标注"附件"二字及附件顺序号。

1.1.4.3 版记

版记部分位于公文最后一页，包括抄送机关、印发机关和印发日期及页码等内容。

（1）抄送机关

抄送机关指除主送机关外需要执行或者知晓公文内容的其他机关，

应当使用机关全称、规范化简称或者同类型机关统称。

抄送机关一般用四号仿宋体字。在印发机关和印发日期之上一行、左右各空一字编排。"抄送"二字后加全角冒号和抄送机关名称，回行时与冒号后的首字对齐，最后一个抄送机关名称后标句号。

 知识链接：

> 若需把主送机关移至版记，除将"抄送"二字改为"主送"外，编排方法同抄送机关。既有主送机关又有抄送机关时，应当将主送机关置于抄送机关之上一行，之间不加分隔线。

（2）印发机关和印发日期

印发机关是指公文的送印机关，印发日期是指公文的送印日期。印发机关和印发日期一般用四号仿宋体字，编排在末条分隔线之上，印发机关左空一字，印发日期右空一字，用阿拉伯数字将年、月、日标全，年份应标全称，月、日不编虚位(即1不编为01)，后加"印发"二字。若版记中有其他要素，应将其与印发机关和印发日期用一条细分隔线隔开。

（3）页码

页码指公文页数顺序号，一般用四号半角宋体阿拉伯数字，编排在公文版心下边缘之下，数字左右各放一条一字线；一字线上距版心下边缘7mm。单页码居右空一字，双页码居左空一字。公文的版记页前有空白页的，空白页和版记页均不编排页码。公文的附件与正文一起装订时，页码应当连续编排。

 知识链接：

> 版记应置于公文最后一页，其最后一个要素应置于最后一行，以便阅文和查询。版记中的分隔线与版心等宽，首条分隔线和末条分隔线用粗线(推荐线宽为0.35mm)，中间的分隔线用细线(推荐线宽为0.25mm)。首条分隔线位于版记中第一个要素之上，末条分隔线与公文最后一面的版心下边缘重合。

单一机关上行文公文主体及版记部分示意如图1-5所示。

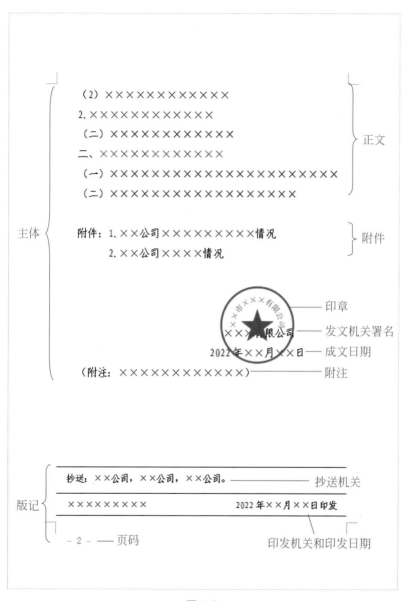

图1-5

联合行文公文版头部分示意如图1-6所示。

000002

秘密★2年

特急

× × × × ×

× × × 文件

× × × × ×

××〔2022〕6号

×××关于×××的通知

××公司：

根据×××××要求，并结合××××××××××
××××××××情况，现对××××××作出安排，具体

图1-6

联合行文公文主体及版记部分示意如图1-7所示。

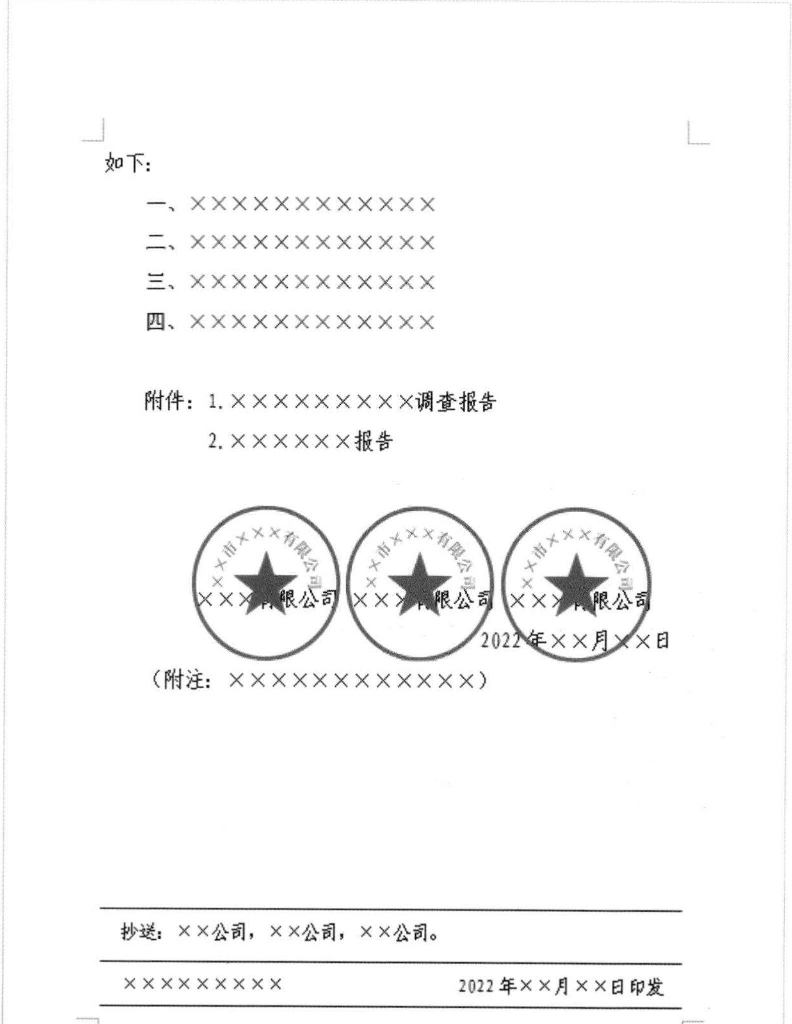

如下：

    一、××××××××××××

    二、××××××××××××

    三、××××××××××××

    四、××××××××××××

附件：1.×××××××××调查报告

       2.××××××报告

2022年××月××日

（附注：××××××××××××）

抄送：××公司，××公司，××公司。

×××××××××   2022年××月××日印发

图1-7

1.2 公文写作的基本思路

相较于文学作品，公文写作具有很强的规范性。一般来说，公文写作可以分为明确主题、搜集材料、构建框架、写作内容、检查校对五个步骤。

1.2.1 明确主题

主题是公文要展现的中心思想，是公文写作的纲领。在进行公文写作时，需要明确公文的主题，对公文的文种、发送对象和范围、主要内容及目的有深刻的理解，这样才能写好公文。如图1-8所示的是错误示范，而如图1-9所示的是修改后的范例。

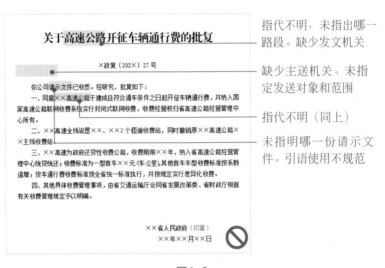

图1-8

1.2.2 搜集材料

材料是公文写作的基础，公文写作必须要从客观实际出发，遵循事物发展的客观规律。搜集材料时要遵循全面、准确、精准三个原则。明确公文主题后，需要尽可能全面充分地搜集相关资料，了解问题的各个方面，然后经过分析和筛选，找到可用的材料，使公文内容做到有据可依、言之有物。

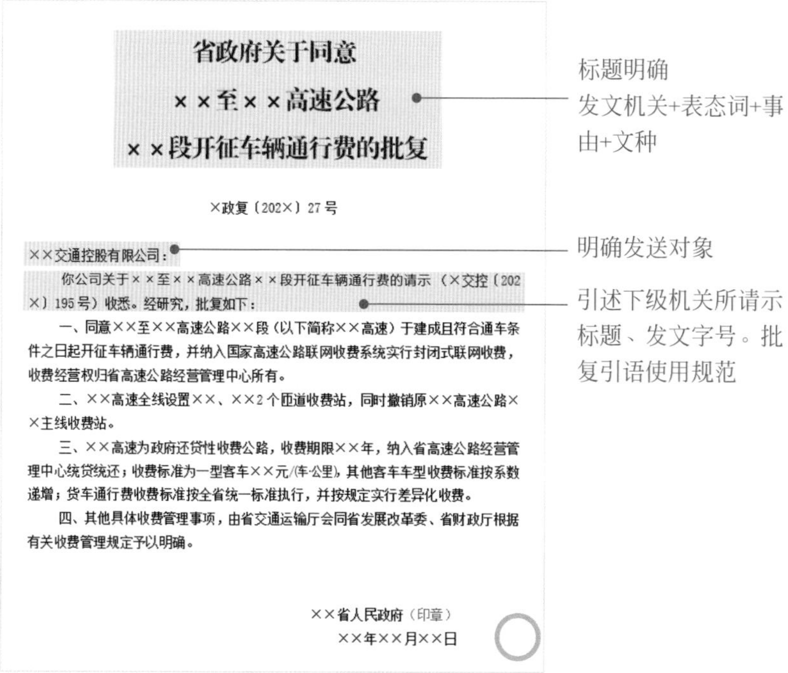

省政府关于同意
××至××高速公路
××段开征车辆通行费的批复

×政复〔202×〕27号

××交通控股有限公司：

你公司关于××至××高速公路××段开征车辆通行费的请示（×交控〔202×〕195号）收悉。经研究，批复如下：

一、同意××至××高速公路××段（以下简称××高速）于建成且符合通车条件之日起开征车辆通行费，并纳入国家高速公路联网收费系统实行封闭式联网收费，收费经营权归省高速公路经营管理中心所有。

二、××高速全线设置××、××2个匝道收费站，同时撤销原××高速公路××主线收费站。

三、××高速为政府还贷性收费公路，收费期限××年，纳入省高速公路经营管理中心统贷统还；收费标准为一型客车××元/车·公里，其他客车车型收费标准按系数递增；货车通行费收费标准按全省统一标准执行，并按规定实行差异化收费。

四、其他具体收费管理事项，由省交通运输厅会同省发展改革委、省财政厅根据有关收费管理规定予以明确。

××省人民政府（印章）
××年××月××日

标题明确
发文机关+表态词+事由+文种

明确发送对象

引述下级机关所请示标题、发文字号。批复引语使用规范

图1-9

1.2.3 构建框架

公文框架是公文的基本骨架，可以帮助作者从全局入手，对公文的内容进行梳理，使公文中心突出、结构合理、主次分明。同时，构建公文框架还可以帮助作者掌握公文的整体结构，从而做到查漏补缺。

构建公文框架时，要结合公文主题、内容及材料，合理地安排内容结构。通过详细的框架，将公文拆分为层次分明的多个部分，再根据每个部分的要点填充内容，使公文更加翔实有力，如图1-10、图1-11所示的分别是错误范例和正确范例。

1.2.4 写作内容

写作是公文最核心的步骤。作者可以根据搜集筛选后的材料填充构建的框架，在填充时，要注意结合材料与观点，使其紧密结合、相辅相

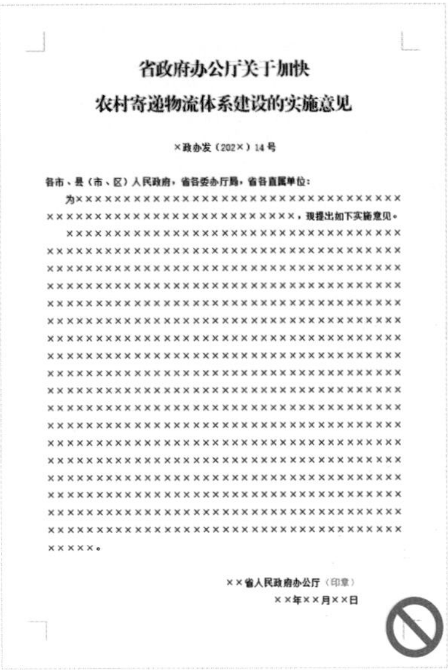

省政府办公厅关于加快

农村寄递物流体系建设的实施意见

×政办发（202×）14号

各市、县（市、区）人民政府，省各委办厅局，省各直属单位：

为××，现提出如下实施意见。

××。

××省人民政府办公厅（印章）

××年××月××日

图1-10

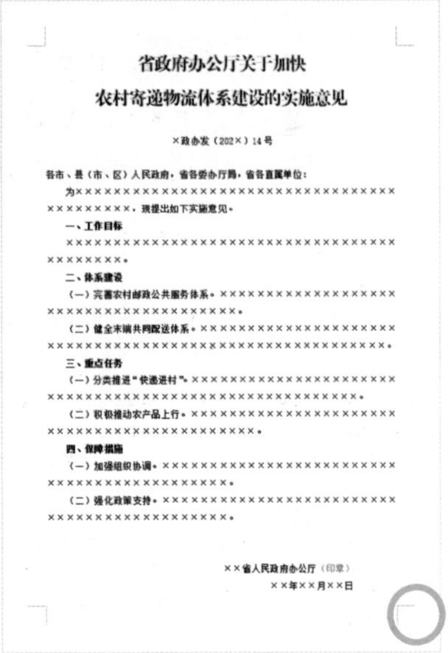

省政府办公厅关于加快

农村寄递物流体系建设的实施意见

×政办发（202×）14号

各市、县（市、区）人民政府，省各委办厅局，省各直属单位：

为××，现提出如下实施意见。

一、工作目标

××。

二、体系建设

（一）完善农村邮政公共服务体系。××××××××××××××××××××××××××××××××××××××。

（二）健全末端共同配送体系。×××。

三、重点任务

（一）分类推进“快递进村”。××。

（二）积极推动农产品上行。××。

四、保障措施

（一）加强组织协调。××。

（二）强化政策支持。××。

××省人民政府办公厅（印章）

××年××月××日

图1-11

成。同时，写作时要注意用词准确、简要、平实和规范，不虚美不浮夸，行文简洁，表述清晰。

1.2.5 检查校对

检查校对是公文写作中非常重要的步骤，该步骤可以有效地提纯内容，并降低公文出错的概率。写作完成后，需要逐字逐句地斟酌修改，删除可有可无的内容，使文章更加精练。同时，要校对公文内容，修改公文中出错的地方，如标题、人名、字体、序号等，避免出现疏漏，如图1-12、图1-13所示的分别是错误范例和正确范例。

知识链接：

公文的语言要求具有严肃性、权威性。概约词，例如“基本上”“大概”“大多数”“一些”这类的词，尽量少用或不用。在使用专有名词时，例如人名、地名、机关名等，均使用标准全称，不能自作主张随意缩略。在使用格式化用语，如“恳请”“商请”“专此致函”“专此致函，请复”等时，需要遵守规定，不得随意更改。

关于对××市背街小巷整治情况调查报告

背街小巷是城市空间的"毛细血管"，体现着一座城市的温度和内涵，更和百姓的幸福指数息息相关。自××年起推动精细化城市治理，截止××年，全市大多数背街小巷"旧貌换新颜"，××年计划推动部分背街小巷的精细化整治。对此，××市人民政府网站于××年×月×日至×月×日在全市范围内就"××市背街小巷整治情况"进行调查，调查结果如下。

一、调查分析

图1-12

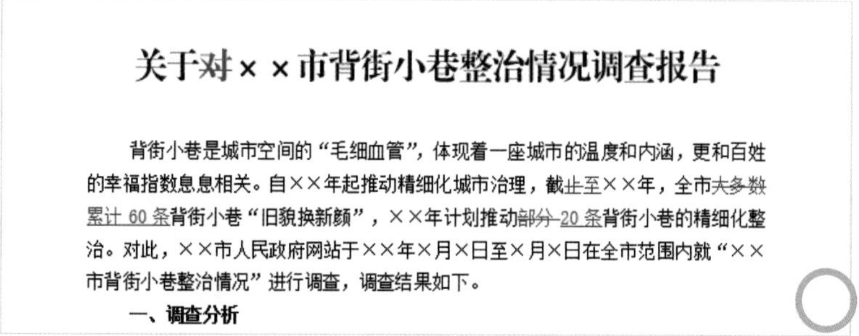

关于对××市背街小巷整治情况调查报告

背街小巷是城市空间的"毛细血管"，体现着一座城市的温度和内涵，更和百姓的幸福指数息息相关。自××年起推动精细化城市治理，截止至××年，全市大多数累计 60 条背街小巷"旧貌换新颜"，××年计划推动部分 20 条背街小巷的精细化整治。对此，××市人民政府网站于××年×月×日至×月×日在全市范围内就"××市背街小巷整治情况"进行调查，调查结果如下。

一、调查分析

图1-13

第 2 章

公务类文书写作

2.1 命令（令）

命令（令）是法定公文文种之一，是行政机关公文中的最高形式，具有强制执行性等特点，适用于公布行政法规和规章、宣布施行重大强制性措施、批准授予和晋升衔级、嘉奖有关单位和人员等。

2.1.1 命令（令）的含义和特点

命令（令）是中国最古老的公文文种之一，商朝及西周时期就有命、令的公务文书，如王命文书、诏令文书等。从词义上看，命有使人为事之意，而令则有发号令使有所为之意，两个字合在一起即指上级对下级的指示。

与其他类型的公文相比，命令（令）具有三个特点，如图2-1所示。

强制性	命令（令）是最具强制性的公文文种，一经发出就必须无条件执行
权威性	根据《中华人民共和国宪法》的规定，中华人民共和国主席、国务院总理、国务院各部部长和各委员会主任、县级以上的各级地方人民政府可以根据法律规定的权限发布命令（令）
指挥性	命令（令）具有明确的格式、起草、管理要求，必须按照规定的公文规范来制发

图2-1

2.1.2 命令（令）的类型

根据内容和用途的不同，可以将命令（令）分为公布令、行政令、任免令、嘉奖令等不同的类型。

- 公布令：公布令又称发布令、颁布令，是国家权力机关、行政机关发布重要法律、行政法规时所使用的发布生效、即行实施的命令性文书。

● 行政令：行政令又称行政法令，是国务院及其部门、县以上人民政府发布采取重大的强制性行政措施的一种公文，分为颁布性命令（令）和事项性命令（令）两种。

● 任免令：任免令是国家行政领导机关及领导人宣布人员任免的文书。

● 嘉奖令：嘉奖令是中央或地方机关对个人、集体取得重大功绩进行公开表彰的文书。

● 动员令：动员令是为使国家武装力量从平时状态迅速转入战时状态并对用于战争的人力、物力、财力进行统一指挥，使政治、经济、文化等活动一律服从战争状态的命令，分为全国总动员令和局部地区动员令两种。

● 通缉令：通缉令是公安机关依法通缉本该逮捕而在逃的或者被拘留、逮捕后脱逃的犯罪嫌疑人以及从监狱中逃跑的罪犯而制作的法律文书。

2.1.3　命令（令）的模板与格式

命令（令）具有特定的公文格式，一般由发文机关标志、令号、正文、签发人职务、签名章、成文日期及附件构成，如图2-2所示。

发文机关一般使用红色小标宋体字居中排布，距版心上边缘为20mm；发文机关下方空两行居中编排令号，令号下空两行编排正文；正文下空两行，右空四字符处加盖签发人签名章，签名章左空二字符处标注签发人职务，以签名章为准上下居中排布，在签发人签名章下空一行，右空四字符处编排成文日期。

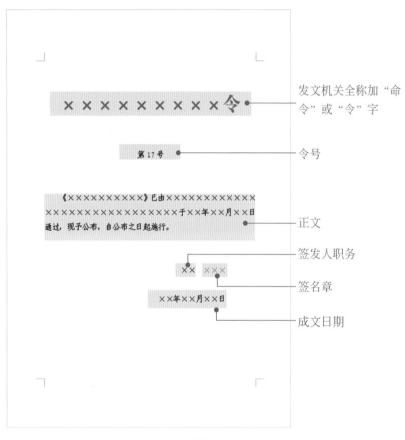

图2-2

2.1.4 命令（令）的范文与注意事项

不同种类的命令（令）在写法上也有所区别，如公布令需写明公布内容，于何时经何机关或会议通过批准，何时生效或开始执行；行政令需要写明发布命令的理由和目的，部署的具体措施和要求，施行的范围和时间等；任免令需要写明任免的领导机关或会议名称，被任免者的姓名和所任免的职务等；嘉奖令需要写明嘉奖的事由、嘉奖的等级与办法以及嘉奖的目的、意义等。

以下为行政令【范文】：

中华人民共和国国务院令

第××号

××年×月×日政务院公布的《城市房地产税暂行条例》自××年×月×日起废止。自××年×月×日起，外商投资企业、外国企业和组织以及外籍个人，依照《中华人民共和国房产税暂行条例》缴纳房产税。

××年×月×日国务院批准，××年×月×日交通部、财政部发布的《长江干线航道养护费征收办法》自××年×月×日起废止。

××年×月×日国务院批准，××年×月×日交通部、财政部、国家物价局发布的《内河航道养护费征收和使用办法》自××年×月×日起废止。

总理　×××（印章）

××××年×月×日

命令（令）作为公文的主要文体之一，在写作时应注意以下四点：

● 命令（令）制发需要遵守现行法律，如提出新的规定，需要加以说明；

● 命令（令）作为一种强制性的文种，需要谨慎使用；

● 命令（令）语言要简明扼要，表述要准确严密；

● 命令（令）内容应短小精悍，言简意赅。

2.2　决定

决定是法定的公文文种之一，适用于对重要事项作出决策和部署、奖惩有关单位和人员、变更或者撤销下级机关不适当的决定事项。

2.2.1　决定的含义和特点

从词义上看，决定具有作出主张的意思，在行文中，只有相对重要的事项才可以使用决定这一文种。决定可以作为行政规范性文件制定的依据，具有三个特点，如图2-3所示。

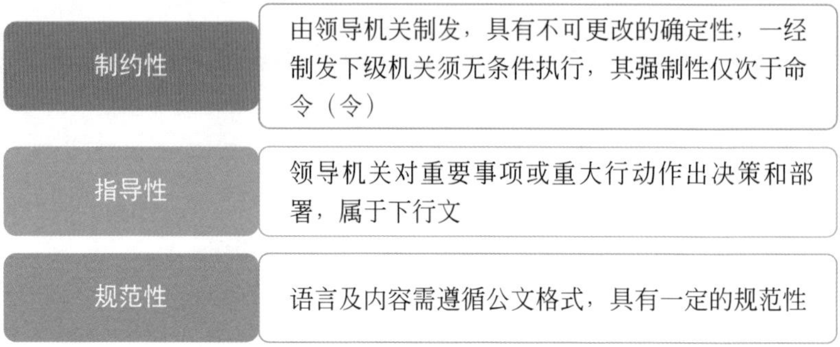

制约性	由领导机关制发，具有不可更改的确定性，一经制发下级机关须无条件执行，其强制性仅次于命令（令）
指导性	领导机关对重要事项或重大行动作出决策和部署，属于下行文
规范性	语言及内容需遵循公文格式，具有一定的规范性

图2-3

2.2.2　决定的类型

根据内容和用途的不同，可以将决定分为不同的类型，常用的类型有三种，如图2-4所示。

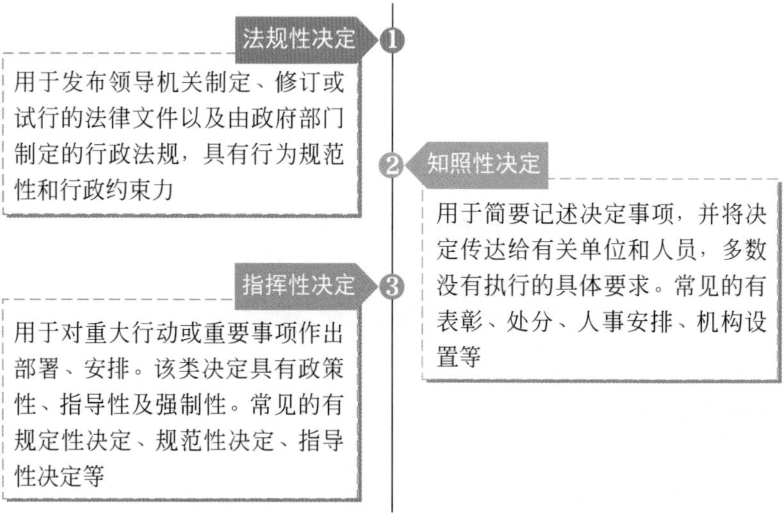

法规性决定 ❶
用于发布领导机关制定、修订或试行的法律文件以及由政府部门制定的行政法规，具有行为规范性和行政约束力

❷ 知照性决定
用于简要记述决定事项，并将决定传达给有关单位和人员，多数没有执行的具体要求。常见的有表彰、处分、人事安排、机构设置等

指挥性决定 ❸
用于对重大行动或重要事项作出部署、安排。该类决定具有政策性、指导性及强制性。常见的有规定性决定、规范性决定、指导性决定等

图2-4

2.2.3　决定的模板与格式

决定主体部分一般由标题、主送机关、正文、发文机关署名、成文日期及印章组成，其格式可参照公文标准格式设置，如图2-5、图2-6所示。

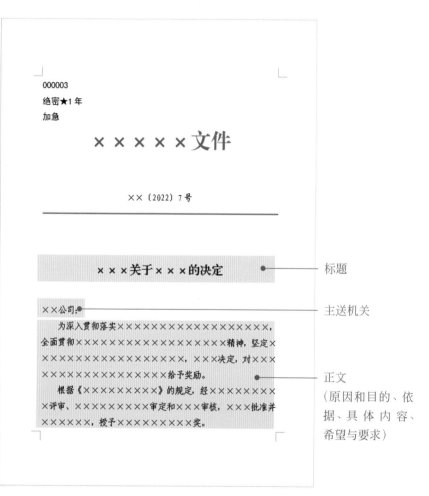

图2-5

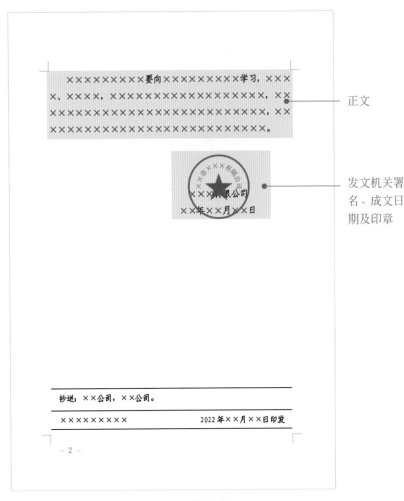

图2-6

2.2.4 决定的范文与注意事项

决定是公文中非常典型的下行文，在写作时，应注意以下三点：

● 结合实际，并遵循相关政策和法律；

● 语言准确精练，利于下级领会并贯彻；

● 事项要具体可行。

以下为知照性决定【范文】：

市政府关于表彰
××市第×届哲学社会科学优秀成果的决定

×政发〔202×〕8号

各县（市）区人民政府，××经济技术开发区、××高新技术产业开发区、××淮海国际港务区管委会，市各委办局（公司），市各直属单位：

　　××年以来，全市广大哲学社会科学工作者高举中国特色社会主义伟大旗帜，坚持以习近平新时代中国特色社会主义思想为指导，深入学习贯彻党的十九大和十九届二中、三中、四中、五中全会精神，紧紧围绕市委市政府"三主"工作总要求，积极开展哲学社会科学研究，涌现出一批有较高水平和应用价值的研究成果，为推动××高质量发展提供了较好的思想引领和智力支撑。为表彰先进，激励创新，市政府决定授予120个项目××市第×届哲学社会科学优秀成果奖，其中，一等奖20项、二等奖40项、三等奖60项。希望获奖作者和单位再接再厉、再创佳绩。全市广大哲学社会科学工作者要深入贯彻落实党的十九大精神和习近平总书记视察××重要讲话精神，围绕中心、服务大局，进一步繁荣兴盛哲学社会科学，不断开辟××哲学社会科学发展新境界，为加快建设美丽××、打造贯彻新发展理念区域样板、开创"强富美高"新××建设新局面贡献社科力量。

　　附：××市第×届哲学社会科学优秀成果获奖项目名单（略）

××市人民政府（印章）

××年××月××日

2.3　公告

　　公告属于发布范围广泛的晓谕性文种，是法定的公文文种之一，适用于向国内外宣布重要事项或者法定事项。

2.3.1 公告的含义和特点

公告是指政府、团体等对重大事项或法定事项当众正式公布，一般具有以下四个特点，如图2-7所示。

发文权力的限制性	公告是宣布重大事项和法定事项，发文权力被限制在高层行政机关及其职能部门的范围之内，即国家最高权力机关（人大及其常委会），国家最高行政机关（国务院）及其所属部门，各省、自治区、直辖市行政领导机关，某些法定机关（如税务局、海关、人民银行、检察院、法院等）。一般地方基层机关、党团组织、社会团体、企事业单位不能发布公告
发布范围的广泛性	公告是向国内外发布重要事项和法定事项的公文，其信息传达范围广泛，包含全国，乃至全世界
题材的重大性	公告题材必须是在国际或国内产生一定影响的重要事项，或者依法向社会公布的法定事项。其内容庄重严肃，体现着国家权力部门的威严，一般性的决定、指示、通知的内容，都不能以公告的形式发布
内容传播新闻化	公告内容是新近的、群众应知而未知的事项，在一定程度上具有新闻的特点。其发布形式也有新闻性特征，一般是在报刊上公开刊登，而不是通过红头文件的方式传播

图2-7

2.3.2 公告的类型

根据内容和用途的不同，公告可分为三种不同的类型，如图2-8所示。

2.3.3 公告的模板与格式

公告主体部分可以分为标题、正文、落款三部分，其格式应参照公文标准格式，如图2-9、图2-10所示。

法定事项公告 ❶

指向国内外宣布法定事项或颁布法律法规使用的公告。依照有关法律和法规的规定，一些重要事情和主要环节必须以公告的方式向全民公布

❷ **重要事项公告**

用于宣布有关国家的政治、经济、军事、科技、教育、人事、外交等方面需要告知全民的重要事项的公告。常见的有国家重要领导岗位的变动，领导人的出访或其他重大活动，重要科技成果的公布，重要军事行动等

专业性公告 ❸

有种类型的公告是属于专业性的，如经济招标公告；或向特定对象发布的，如按国家民事诉讼法规定，法院发布公告间接送达诉讼文书，不属于行政机关公文

图2-8

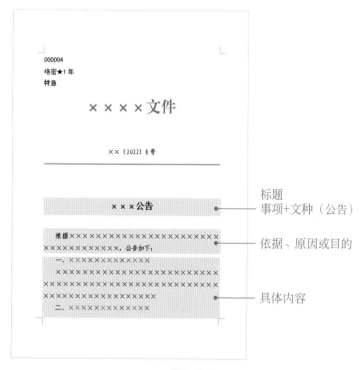

图2-9

(!) 注意事项：

公告标题有三种形式：发文机关名称＋事项＋文种（公告）、事项＋文种（公告）或只写文种（公告）。标题中无发文机关名称，则必须在落款处标出；如标题中已有发文机关名称，落款处可不写。

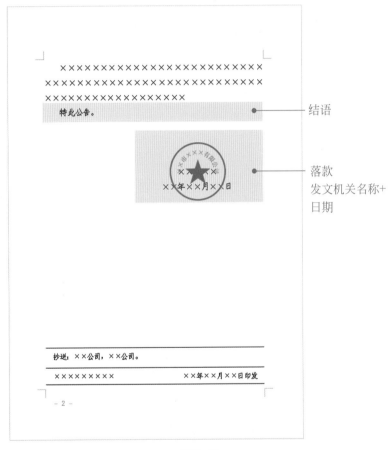

图2-10

2.3.4　公告的范文与注意事项

在撰写公告时，应注意以下三点：

- 公告发布面广，用词需准确清晰，做到易读易懂易知；

● 公告应以事实为主，就实公告，不加议论说明；

● 公告一般不编号，但当某一次会议或某一专门事项需要连续发布几个公告时，则应在标题下单独编号。

以下为专业性公告【范文】：

关于召开第一次债权人会议的公告

×××××××房地产开发有限公司各债权人：

根据××市××区人民法院（202×）×13××破申×号民事裁定书以及（202×）×13××破申×号指定管理人决定书，×××××××房地产开发有限公司(下称×××公司)第一次债权人会议将于202×年×月×日×时在××市××区人民法院召开，现将有关事项公告如下：

1.会议召开时间及地点：202×年×月×日×时在××市××区人民法院××法庭召开会议(因会议地点有变更，以本公告为准)。

2.会议召集人：××市××区人民法院。

3.会议召开方式：现场召开，现场表决。

4.会议议题：①核查债权；②审查监督管理人工作及有关事项；③推选债权人委员会；④其他事项。

5.出席会议的对象：①截至202×年×月×日向×××公司管理人申报(或确认)债权的全体债权人；②×××公司职工代表。

6.出席会议人员应提交的手续：机构债权人及原股东持法人营业执照复印件(须加盖单位印章)和法定代表人身份证明书；自然人债权人持本人身份证。委托代理人出席会议的，代理人应持本人身份证和特别授权委托书；委托代理人是律师的，还应当提交律师事务所的指派函，并出示律师执业证。确因特殊原因不能出席会议的债权人和原股东，应当以特别授权方式委托代理人出席会议并代为进行表决。

7.注意事项：参会人员请佩戴口罩。

8.管理人联系方式：

地　址：××省××市××区××××广场××号楼××楼　　邮编：×××××

联系人：××律师　　　　电话：18×××××××

特此公告。

×××××房地产开发有限公司破产管理人（印章）

××年××月××日

2.4　通告

通告是一种周知性公文，属于公文中的下行文，适用于公布社会各有关方面应当遵守或者周知的事项。

2.4.1　通告的含义和特点

通告在词义上具有普遍告知的意思，使用范围较为广泛，一般机关、企事业单位等均可以发布通告，但强制性的通告必须依法由特定的发文机关发布。通告一般具有三个特点，如图2-11所示。

周知性	通告可以在一定范围内公布应该周知的事项，具有鲜明的周知性
制约性	部分通告告知的事项为需要遵守的事项，具有行政约束力甚至法律效力，被告知者须严格遵行
专业性	通告内容多涉及具体的业务活动或工作，有较强的专业性

图2-11

2.4.2　通告的类型

根据内容和用途的不同，可以将通告分为周知性（事务性）通告和规定性（制约性）通告两种类型，这两种类型的作用具体如图2-12所示。

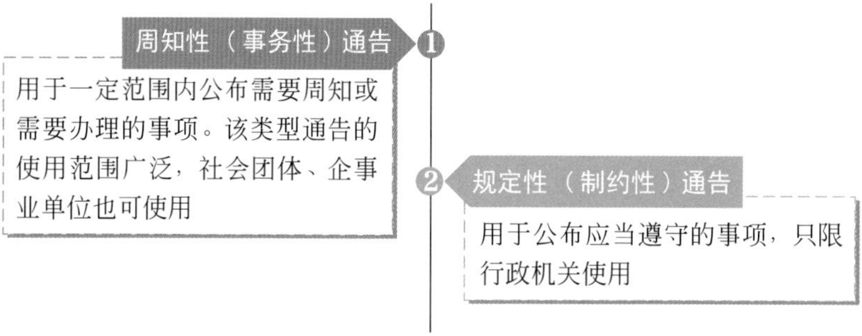

周知性（事务性）通告 ❶
用于一定范围内公布需要周知或需要办理的事项。该类型通告的使用范围广泛，社会团体、企事业单位也可使用

❷ 规定性（制约性）通告
用于公布应当遵守的事项，只限行政机关使用

图2-12

2.4.3 通告的模板与格式

通告可分为标题、正文（原由、通告事项、结语）、落款三部分，如图2-13所示。

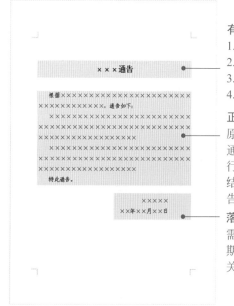

有四种标题形式
1.通告（可加"紧急"二字）
2.关于×××的通告
3.×××关于×××的通告
4.×××通告

正文
原由：背景、根据、目的等；
通告事项：周知事项和执行要求；
结语：特此通告，或本通告自发布之日起实施

落款
需写明发文机关名称及日期。若标题中已有发文机关名称，此处可省略

图2-13

2.4.4 通告的范文与注意事项

在撰写通告时，应注意以下两点：

● 内容明确、有逻辑性，用词肯定，以便受文者理解执行；

● 一文一事，不合并通告，做到中心明确，据实相告。

以下为周知性（事务性）通告【范文】：

关于聘请会计师事务所
参与专项资金审计工作的通告

因工作需要，我厅拟聘请会计师事务所参与专项资金审计工作。根据《××省民政系统内部审计暂行办法》有关规定，现将相关需求情况公布如下：

一、项目名称和内容

××省民政厅专项资金审计项目。

二、时间和地点

时间：202×年×月下旬至×月中旬，约15个工作日。

地点：××市内约5个工作日，××市外10个工作日。

三、工作内容

审计内容包括省本级202×年中央和省级福彩公益金补助项目、3个设区市202×年中央和省级福彩公益金残疾人福利类补助项目资金和202×—202×年基本殡葬服务设施建设补助专项资金。

采取开展资料审核并抽取项目进行实地核查等方式完成审计工作。出具2份审计报告。

四、人员要求

会计师事务所需派遣有参与省级机关相关专项审计工作经验的2名注册会计师和2名其他财务审计人员。

五、聘用机构确定方法

会计师事务所根据相关标准，综合测算审计费用，报价包含所有费用。我厅在符合报名条件的机构中，采用最低价法确定本次审计工作聘用机构。如报价相同，依据会计师事务所综合评价排名择优选取。

六、报名要求

凡有意愿参与本项目的会计师事务所，请于202×年×月×日下午5:00前将单位简介、报名表、拟派注册会计师执业资格证书复印件和从事省级机关相关专项审计工作情况书面报送我厅规划财务处（审计处），并将报名表电子版报送邮箱792××××5@qq.com，联系人：赵××。

特此通告。

××省民政厅（印章）

××年××月××日

2.5 通知

通知是一种具有知照性的下行公文，适用于批转下级机关的公文，转发上级机关和不相隶属机关的公文，传达要求下级机关办理和需要有关单位周知或者执行的事项，任免人员。

2.5.1 通知的含义和特点

通知即指将事项告知给受文对象，一般具有三个特点，如图2-14所示。

多样性	可用于传达指示、布置工作、发布规章、批转或转发文件、任免人员等
时效性	发文内容需及时让受文对象知晓
受文对象明确	通知一般都有主送机关，受文对象明确。在具有隶属关系的系统内自上而下地发布，带有明确的指示性和指导性。通知不可用于上行文

图2-14

2.5.2 通知的类型

根据内容和用途的不同，可以将通知分为六种不同的类型，如图2-15所示。

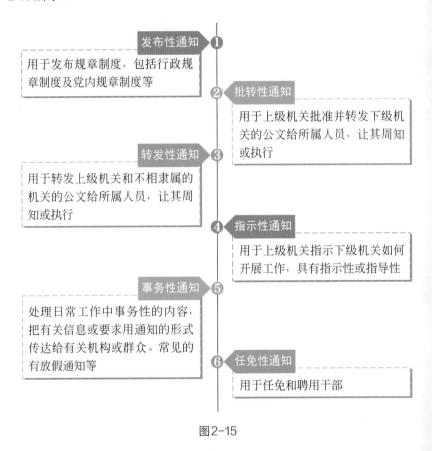

图2-15

2.5.3 通知的模板与格式

通知主体部分一般由标题、主送机关、正文及落款组成，如图2-16所示。

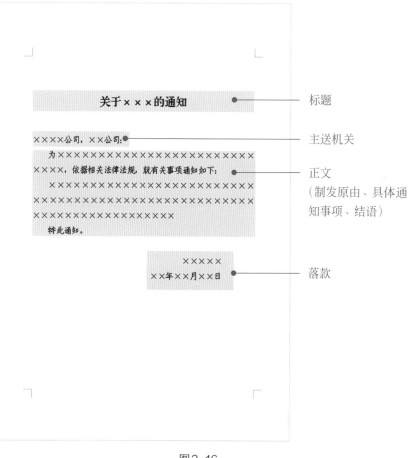

关于×××的通知 —— 标题

××××公司，××公司: —— 主送机关

为×××××××××××××××××××××××××××××，依据相关法律法规，就有关事项通知如下：×× —— 正文（制发原由、具体通知事项、结语）

特此通知。

×××××
××年××月××日 —— 落款

图2-16

2.5.4　通知的范文与注意事项

在撰写通知时，应注意以下两点：

- 用词清楚准确，内容简明扼要，陈述事实；
- 层次分明、条理清晰。

以下为事务性通知【范文】：

37

省教育厅等四部门关于公布
××省首批绿色学校（高校）名单的通知

×教发〔202×〕74号

各高等学校：

根据《省教育厅 省发展改革委 省生态环境厅 省住房城乡建设厅关于印发〈××省绿色学校创建行动方案〉的通知》（×教发〔202×〕×号）和《省教育厅办公室关于开展××省绿色学校（高校）申报认定工作的通知》（×教办发函〔202×〕×号）精神，经学校自评申报、第三方组织专家评审、省教育厅专题办公会审议、省有关部门沟通评议和社会公示，认定××大学等65所高校为××省首批绿色学校（高校）（名单见附件），现予以公布。

希望首批认定为绿色学校的高校，再接再厉，认真贯彻绿色发展理念，建立健全长效机制，深入推进生态文明教育、绿色环保校园建设、绿色校园文化培育和绿色创新研究，不断提升绿色学校建设质量和水平。

附件：××省首批绿色学校（高校）名单

省教育厅（印章） 省发展改革委（印章）
省生态环境厅（印章） 省住房城乡建设厅（印章）
××年××月××日

2.6　报告

报告是一种法定的公文格式，适用于向上级机关汇报工作、反映情况，回复上级机关的询问。

2.6.1　报告的含义和特点

报告有汇报、陈述的意思，它可以反映工作中的基本情况，使用范围较为广泛。报告一般具有五个特点，如图2-17所示。

内容的汇报性	报告是由下级机关向上级机关或业务主管部门汇报工作时发出的公文，具有明显的汇报性
语言的陈述性	报告是向上级机关反映工作中的基本情况，在撰写时，一般使用叙述方法，陈述其事
行文的单向性	报告是单向上行文，其作用是为上级机关进行宏观领导提供依据，一般不需要收文机关批复
成文的事后性	报告一般是在事情做完或者发生后向上汇报的，属于事后或事中行文
双向的沟通性	报告不需批复，但可加强上下级机关之间的联系，是下级机关取得上级机关的支持和指导的桥梁，同时也是上级机关决策指导和协调工作的依据

图2-17

2.6.2 报告的类型

根据内容和用途的不同，可以将报告分为四种不同的类型，如图2-18所示。

例行工作报告 ❶

指下级机关或企事业单位因工作需要，定期向上级部门呈送的报告，如财务报表、月报、周报等

❷ 汇报性报告

用于及时汇报工作及反映情况，该报告分为综合报告和专题报告两种。综合报告是在工作进行到一定阶段后对工作的全面情况向上级进行汇报，较为全面和精练；而专题报告是对某项工作进行专门的汇报，内容专一、针对性强

答复性报告 ❸

针对上级部门或业务主管部门提出的问题进行答复的报告

呈报性报告 ❹

向上级报送文件或物件时，随文呈报的报告，内容篇幅较短

图2-18

2.6.3　报告的模板与格式

报告主体部分一般由标题、主送机关、正文、落款等构成，如图2-19所示。

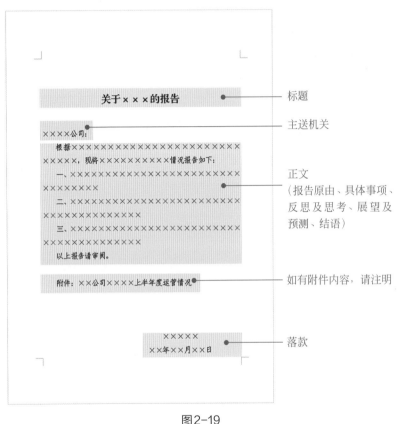

图2-19

2.6.4　报告的范文与注意事项

在撰写报告时，应注意以下三点：

● 报告的内容应做到真实无误，观点鲜明；

● 报告内容不得夹带请示事项；

● 呈转报告结语应写上"以上报告如无不妥，请批转各地参照执行"。

以下为汇报性报告【范文】：

××××院202×年第×季度
政府网自查情况报告

为进一步做好××××院门户网站建设管理工作，按照网站检查工作有关要求，××××院办公厅于202×年×月组织开展了202×年第×季度门户网站自查工作，数据采集区间为202×年×月×日至202×年×月×日。

一、总体情况

本次自查结果为合格。常态化监管机制的建立，取得了比较明显的效果。具体自查情况如下：

本次检查期间，××××院门户网站的独立用户访问总量约××万个，网站访问量约××万次。共计检查门户网站页面及文件×××个，确保三级以内页面不出现用户可见的本站文件丢失、链接失效等情况。根据"检查指标"评分标准，未发现单项否决问题，发布解读指标得分×分，互动交流指标得分×分，功能设计指标得分×分，加分指标得分×分，综合得分×分。政府网站找错平台办理留言×条。

本季度自查工作，未发现安全问题。

二、下一步工作

我们将严格按照有关检查指标及我院检查工作要求，进一步加大工作力度，不断提升网站建设管理水平。

××××院办公厅

××年××月××日

2.7 请示

请示是应用写作中的一种常用文体，属于公文中的上行文，适用于向上级机关请求指示、批准。

2.7.1 请示的含义和特点

请示即请求指示，必须由下级机关向上行文，内容则为下级机关无权作出决定和处理的问题。请示一般具有四个特点，如图2-20所示。

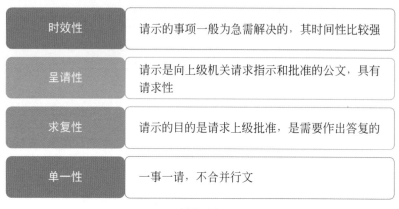

时效性	请示的事项一般为急需解决的，其时间性比较强
呈请性	请示是向上级机关请求指示和批准的公文，具有请求性
求复性	请示的目的是请求上级批准，是需要作出答复的
单一性	一事一请，不合并行文

图2-20

2.7.2 请示的类型

根据内容和用途的不同，可以将请示分为三种不同的类型，如图2-21所示。

① 请求批准的请示
该类型请示主要用于解决某些实际困难和具体问题，一般为下级机关针对某些具体事宜向上级机关请求批准

② 请求指示的请示
该类型请示一般为政策性请示，即下级机关需要上级机关对原有政策规定作出明确解释，对变通处理的问题作出审查认定，对如何处理突发事件或新情况、新问题作出明确指示等

③ 请求批转的请示
该类型请示一般用于下级机关就某一涉及面广的事项提出处理意见和办法，需上级机关审查后批转执行，由各有关方面协同办理

图2-21

2.7.3 请示的模板与格式

请示主体部分一般由标题、主送机关、正文、落款及附注等构成，如图2-22所示。

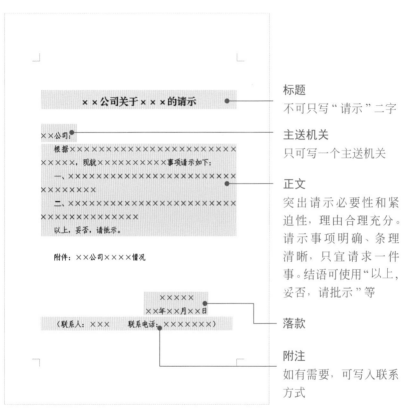

图2-22

2.7.4 请示的范文与注意事项

在撰写请示时，应注意以下两点：

● 事前行文：请示应在问题发生或处理前向上行文。

● 不得越级请示：请示应按隶属关系逐级请示，一般不得越级请示，如确需越级请示，应同时抄报直接主管部门。

以下为请求指示的请示【范文】：

关于申请批准
《××村粮食补贴改革实施方案》的请示

××乡政府办公室：

根据××省人民政府、××市市委《关于扩大粮食补贴方式改革试点的通知》(×发〔201×〕×号)和《××省人民政府关于印发〈××省扩大粮食补贴方式改革试点方案〉的通知》(×政〔201×〕×号)文件精神，并结合我村实际情况，制定本方案，现随文上报。

以上请示当否，请予批复。

××村村委会

××年×月×日

（联系人：×××　　联系电话：×××××××××）

2.8　批复

批复是应用写作中一种常用的公文文种，属于被动的下行公文，适用于答复下级机关请示事项。

2.8.1　批复的含义和特点

批复指审批回复，是答复下级机关的请示事项时使用的文种。批复一般具有四个特点，如图2-23所示。

被动性	批复的前提是下级机关的请示，它是专门用于答复下级机关请示的公文，具有被动行文的特点
针对性	批复要针对请示事项来答复，具有针对性
权威性	批复是上级机关的结论性意见，下级机关对上级机关的答复必须认真贯彻执行，不得违背。批复带有很强的权威性
明确性	批复内容要具体明确，不能模棱两可，以便请示单位贯彻执行

图2-23

2.8.2 批复的类型

根据内容和用途的不同，可以将批复分为两种不同的类型，如图2-24所示。

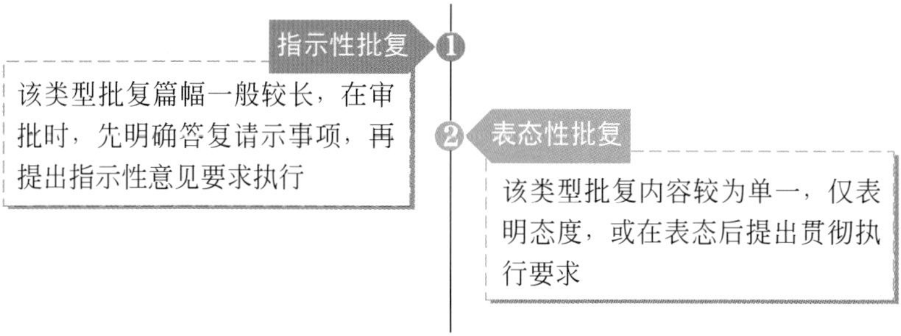

指示性批复 ①
该类型批复篇幅一般较长，在审批时，先明确答复请示事项，再提出指示性意见要求执行

② 表态性批复
该类型批复内容较为单一，仅表明态度，或在表态后提出贯彻执行要求

图2-24

2.8.3 批复的模板与格式

批复一般由标题、主送机关、正文（批复引语、批复意见、批复要求）和落款四部分组成，如图2-25所示。

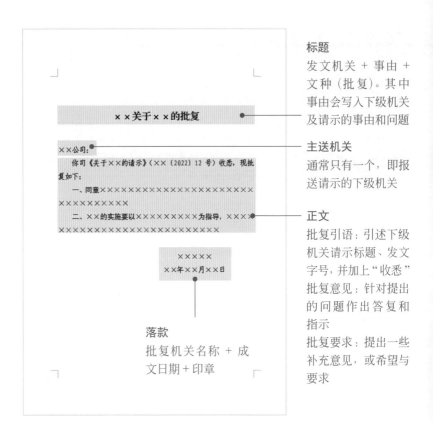

图2-25

> **标题**
> 发文机关 + 事由 + 文种（批复）。其中事由会写入下级机关及请示的事由和问题
>
> **主送机关**
> 通常只有一个，即报送请示的下级机关
>
> **正文**
> 批复引语：引述下级机关请示标题、发文字号，并加上"收悉"
> 批复意见：针对提出的问题作出答复和指示
> 批复要求：提出一些补充意见，或希望与要求
>
> **落款**
> 批复机关名称 + 成文日期+印章

知识链接：

　　批复标题结构除了以上介绍的常用格式外，还可用发文机关+表态词+请示事项+文种（批复）构成，这种结构比较简明、全面。在批复意见中，可以用"完全同意""基本同意"以及"完全不同意"这三种语气来表明态度。如不同意，可提供其他解决方法。

2.8.4　批复的范文与注意事项

　　在撰写批复时，应注意以下三点。

　　● 慎重及时：批复应讲究时效，及时审核回复，以免影响工作的进行。

● 有针对性：批复应针对请示内容进行答复，不能答非所问。

● 态度明确：批复态度应清楚明确，以便下级机关执行。

以下为指示性批复【范文】：

省政府关于同意××至××高速公路××段开征车辆通行费的批复

×政复〔202×〕27号

××交通控股有限公司：

你公司《关于××至××高速公路××段开征车辆通行费的请示》（×交控〔202×〕195号）收悉。经研究，批复如下：

一、同意××至××高速公路××段（以下简称××高速）于建成且符合通车条件之日起开征车辆通行费，并纳入国家高速公路联网收费系统实行封闭式联网收费，收费经营权归省高速公路经营管理中心所有。

二、××高速全线设置××、××2个匝道收费站，同时撤销原××高速公路××主线收费站。

三、××高速为政府还贷性收费公路，收费期限××年，纳入省高速公路经营管理中心统贷统还；收费标准为一型客车××元/（车·公里），其他客车车型收费标准按系数递增；货车通行费收费标准按全省统一标准执行，并按规定实行差异化收费。

四、其他具体收费管理事项，由省交通运输厅会同省发展改革委、省财政厅根据有关收费管理规定予以明确。

××省人民政府（印章）

××年××月××日

2.9　意见

意见是一种指导性较强的公文文种，适用于对重要问题提出见解和处理办法。

2.9.1　意见的含义和特点

意见的本意为人们对事物所产生的看法或想法。在应用写作中，意见常用于上级领导机关对下级机关部署工作，指导下级机关工作活动的原则、步骤和方法。意见一般具有四个特点，如图2-26所示。

重要性	意见是针对重要问题提出的，具有重要性
灵活性	意见的行文方向比较灵活，既可以是上行文，也可以是下行文或者平行文
指导性和参考性	作为下行文时，意见对下级机关具有指导性；作为上行文和平行文时，意见具有参考性
针对性	意见是就某一重要问题制发，对该问题具有针对性

图2-26

2.9.2　意见的类型

根据内容和用途的不同，可以将意见分为五种不同的类型，如图2-27所示。

2.9.3　意见的模板与格式

意见主体部分一般由标题、主送机关、正文（制定意见的原由、具体意见、结尾）及落款组成，如图2-28所示。

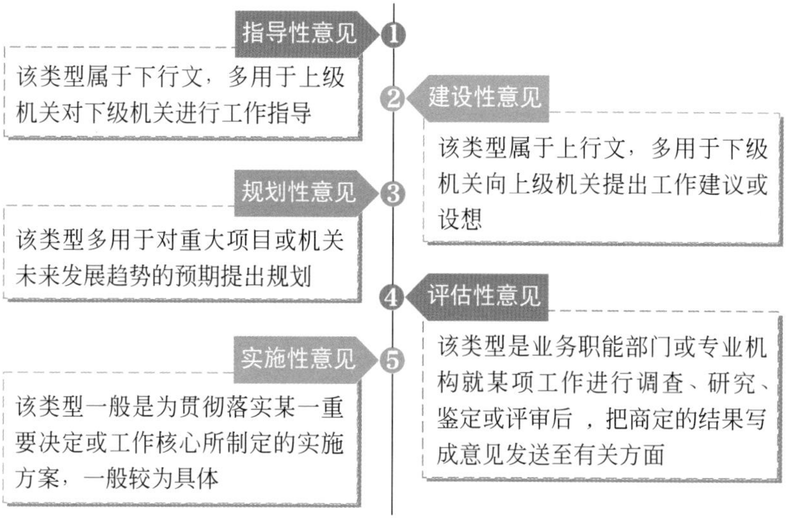

指导性意见 ①

该类型属于下行文，多用于上级机关对下级机关进行工作指导

② 建设性意见

该类型属于上行文，多用于下级机关向上级机关提出工作建议或设想

规划性意见 ③

该类型多用于对重大项目或机关未来发展趋势的预期提出规划

④ 评估性意见

该类型是业务职能部门或专业机构就某项工作进行调查、研究、鉴定或评审后，把商定的结果写成意见发送至有关方面

实施性意见 ⑤

该类型一般是为贯彻落实某一重要决定或工作核心所制定的实施方案，一般较为具体

图2-27

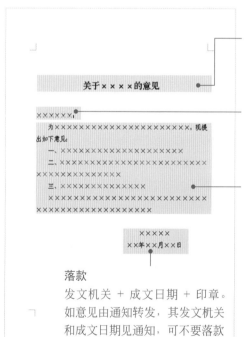

标题

发文机关＋事由＋文种（意见）；事由＋文种（意见）

主送机关

上行文与请示相同，只有一个主送机关；下行文可有多个主送机关

正文

原由：发文背景、根据、目的、意义，目的明确，理由充分，具有针对性

具体意见：阐述见解、意见和解决方法

结尾：上行文可列出上报意见，也可提出请求批转的要求；下行文可提出落实要求，或具体实施方案

落款

发文机关＋成文日期＋印章。如意见由通知转发，其发文机关和成文日期见通知，可不要落款

图2-28

2.9.4　意见的范文与注意事项

在撰写意见时，应注意以下两点：

● 意见的强制性较低，语气要相对缓和，不应使用命令的强制语气；

● 意见内容应简洁明了，针对现实情况制发。

以下为实施性意见【范文】：

省政府办公厅关于加快
农村寄递物流体系建设的实施意见

×政办发〔202×〕14号

各市、县（市、区）人民政府，省各委办厅局，省各直属单位：

　　为深入贯彻落实《国务院办公厅关于加快农村寄递物流体系建设的意见》（国办发〔202×〕29号），加快我省农村寄递物流体系建设，全面推进乡村振兴，畅通国内大循环，结合我省实际，经省人民政府同意，现提出如下实施意见。

　　一、工作目标

　　到202×年，建设县级寄递公共配送中心或快递产业园区不少于××个、乡级寄递公共配送中心不少于××个、村级寄递物流综合服务站不少于××个，形成开放惠民、集约共享、安全高效、双向畅通的县、乡、村三级农村寄递物流体系，实现乡乡有网点、村村有服务，农产品运得出、消费品进得去，农村寄递物流供给能力和服务质量显著提高，便民惠民寄递服务全面覆盖。

　　二、体系建设

　　（一）完善农村邮政公共服务体系。在保证邮政普遍服务和特殊服务质量的前提下，加强农村邮政基础设施和服务网络共享，强化邮政网络节点重要作用。创新乡镇邮政网点、邮政便民服务站、村邮站运营模式，承接代收代办代缴等各类农村公共服务，实现"一点多能"，提升农村邮政基本公共服务能力。支持邮政企业公平参与农村寄递服务市场竞争，以市场化方式为农村电商提供寄递、仓储、金融一体化服务。（省邮政管理局牵头，省发展改革委、省财政厅、省商务厅、省乡村振兴局、中国邮政集团公司××省分公司等相关单位及各地按职

责分工负责）

（二）健全末端共同配送体系。统筹农村地区寄递物流资源，鼓励邮政、快递、交通、供销、商贸流通等物流平台采取多种方式合作共用末端配送网络，加快推广农村寄递物流共同配送模式，有效降低农村末端寄递成本。推进寄递服务进社区（村），因地制宜在农村社区（村）综合服务中心、供销合作社农村综合服务社等基层服务点设置寄递物流综合服务站、智能快件箱等快递服务的公共平台与设施。推进不同主体之间标准互认和服务互补，在设施建设、运营维护、安全责任等方面实现有效衔接，研究制定农村寄递物流共同配送服务规范，探索建立市场化运行机制和收益分配机制。鼓励企业通过数据共享、信息互联互通，提升农村寄递物流体系信息化服务能力。（省商务厅、省交通运输厅、省邮政管理局牵头，省发展改革委、省民政厅、省农业农村厅、省乡村振兴局、省供销社、中国邮政集团公司××省分公司等相关单位及各地按职责分工负责）

（三）优化协同发展体系。（略）

（四）构建冷链寄递体系。（略）

三、重点任务

（一）分类推进"快递进村"。在城镇化程度较高、快递业务量较大的农村地区，更好发挥市场配置资源的决定性作用，引导企业通过驻村设点、企业合作等方式，提升"快递进村"服务水平。在其他农村地区，更好发挥政府推动作用和邮政服务在农村末端寄递中的基础性作用，结合城乡物流服务一体化"十百千万"工程，重点推广"交通+邮政快递+社区"的合作进村模式，基本实现主要品牌快递服务持续通达全省行政村。鼓励有条件的地区向自然村拓展快递服务。鼓励第三方共配企业参与推进快递进村工作。（省邮政管理局牵头，省发展改革委、省财政厅、省人力资源社会保障厅、省交通运输厅、省商务厅、省民政厅、省农业农村厅、省供销社、中国邮政集团公司××省分公司等相关单位及各地按职责分工负责）

（二）积极推动农产品上行。实施"互联网+"农产品出村进城工程，推进邮政快递与交通运输、供销合作等组建农业生产、加工、流通产业联盟，发展面向城市消费的以冷藏、低温为重点的快速加工、分装、配送服务，建立"种植养殖基地+生产加工（仓储保鲜）+电商平台+寄递"一体化的供应链体系，构建稳定、高效、低成本运行的农产品上行寄递服务网络。围绕省内特色产业集群和特色农产品产地以及现代农业示范园、国家农村产业融合发展示范园等，推进直播电商与邮政快递融合发展，发展"直播电商+产地仓+寄递"模式，推动寄递物流赋能乡村发展。发挥农村邮政快递网（站）点辐射带动作用，"××"期间建设××个国家级快递服务现代农业示范项目、××个省级快递服务现代农业示范项目，大力支持省定重点县、重点片区和重点帮促村特色产业发展壮大，助力当地农产品外销，巩固拓展脱贫致富奔小康成果，推进乡村全面振兴。（省农业农村厅、省商务厅、省邮政管理局牵头，省交通运输厅、省乡村振兴局、省供销社、中国邮政集团公司××省分公司等相关单位及各地按职责分工负责）

（三）加快补齐农村寄递物流基础设施短板。（略）

（四）切实保障快递员群体合法权益。（略）

（五）持续深化寄递领域"放管服"改革。（略）

四、保障措施

（一）加强组织协调。各地、各相关部门和单位要充分认识加快农村寄递物流体系建设的重要意义，按照本意见提出的要求，结合实际研究制定实施方案，及时部署落实。要将农村寄递物流体系建设纳入相关规划和公共基础设施建设范畴，支持将相关用地纳入国土空间规划体系。要建立由发展改革、财政、交通运输、商务、农业农村、乡村振兴、民政、供销、邮政等部门参加的工作协调机制，加快推进农村寄递物流体系建设。

（二）强化政策支持。各地、各相关部门和单位要统筹用好现有资金渠道或专项政策，支持农村寄递物流基础设施改造提升。重点支持经济薄弱地区农村寄递物流体系建设。邮政快递企业参与快递产业园、冷链物流相关产业链建设的，按规定享受相关支持政策。符合条件的邮政快递企业，可优先申报相关财政专项资金。要认真落实我省交通运输领域省与市县财政事权和支出责任划分改革方案，由市、县（市、区）结合本地实际研究制定农村寄递末端基础设施的规划、建设、维护、运营等具体配套措施。

（三）加强指导督促。（略）

××省人民政府办公厅（印章）

××年××月××日

2.10 函

函是法定公文的一种，属于公文中唯一的平行文种，适用于不相隶属机关之间商洽工作、询问和答复问题、请求批准和答复审批事项。

2.10.1 函的含义和特点

函具有信函、信件的意思。在应用写作中，函起到了加强沟通、充当凭证的作用。函一般具有三个特点，如图2-29所示。

沟通性	函属于平行文种，在不相隶属机关之间相互商洽工作、询问和答复问题上起着沟通作用
灵活性	函是一种比较灵活的公文文种。一方面是行文关系灵活，除了平行文外，函也可以用作上行文或下行文；另一方面是格式灵活，除了国家高级机关的主要函必须按照公文的格式、行文要求行文外，其他一般函没有这些要求
单一性	制发函时，应做到一函一事，保证其主体内容的单一性

图2-29

2.10.2 函的类型

从不同角度分类，可以将函分为不同的类型。常见的有三种，如图2-30所示。

2.10.3 函的模板与格式

函具有特定的公文格式，一般由发文机关标志、分隔线、发文字号、标题、主送机关、正文、发文机关署名、发文日期及抄送机关构成，如图2-31所示。

按性质分 ①

有公函和便函两种。公函用于机关单位正式的公务活动往来；便函则用于日常事务性工作的处理

② **按发文目的分**

有发函和复函两种。发函即主动提出公事事项而发出的函，具有主动性；复函则为回复对方而发出的函，具有被动性

按内容和用途分 ③

有商洽事宜函、通知事宜函、催办事宜函、邀请函、请示答复事宜函、转办函、催办函、报送材料函等

图2-30

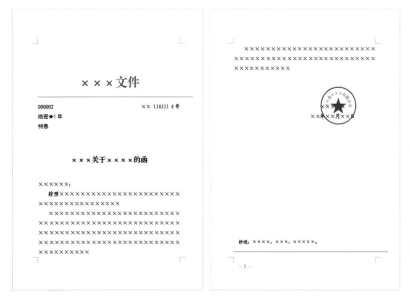

图2-31

制发函时，发文机关标志应用发文机关全称或者规范化简称居中排布，上边缘至上页边为30mm，推荐使用红色小标宋体字。联合行文时，使用主办机关标志。发文机关标志下4mm处印一条红色双线(上

粗下细)，距下页边20mm处印一条红色双线(上细下粗)，线长均为170mm，居中排布。第二条红色双线上一行如有文字，与该线的距离为三号汉字高度的7/8。

如需标注份号、密级和保密期限、紧急程度，应当顶格居版心左边缘编排在第一条红色双线下，按照份号、密级和保密期限、紧急程度的顺序自上而下分行排列，第一个要素与该线的距离为三号汉字高度的7/8。

发文字号顶格居版心右边缘编排在第一条红色双线下，与该线的距离为三号汉字高度的7/8。标题居中编排，与其上最后一个要素相距两行。首页不显示页码。版记不加印发机关和印发日期、分隔线，位于公文最后一面版心内最下方。

2.10.4　函的范文与注意事项

在撰写函时，应注意以下四点：

- 发函语气应平和有礼，不可强人所难或曲意逢迎；
- 复函时应及时迅速，以免影响工作正常进行；
- 应做到一函一事，不合并发文；
- 函的内容应真实准确，以陈述为主。

以下为复函【范文】：

××省物价局、××省财政厅
关于调整教育评估费的复函

×价费函〔20××〕58号　财综〔20××〕31号

省教育厅：

你厅《关于商请调整××省教育评估院有关评估项目收费标准并增设部分收费项目的函》(×教财函〔20××〕12号)收悉，现将教育评估费有关事项复函如下：

一、鉴于原评估收费标准已过期，现重新核定教育评估收费标准（详见附件）。教育评估收费标准包括评审费用、食宿和交通等费用，除此之外，不得向被评估单位收取其他费用。

二、教育评估应坚持自愿原则，任何部门和单位不得以赢利为目的强制学校参加评估。

三、教育评估费属于行政事业性收费，接文后即到省物价局办理《收费许可证》变更手续，收费时使用省财政厅统一印制的财政票据，收入全额缴入同级财政专户，实行收支两条线管理，并实行收费公示。

特此复函。

附件：教育评估收费项目和收费标准表（略）

××省物价局（印章）　××省财政厅（印章）

××年××月××日

第 3 章

事务类
文书写作

知识要点

1. 计划文种写作

2. 总结文种写作

3. 述职报告文种写作

4. 简报文种写作

5. 调查报告文种写作

6. 工作汇报文种写作

3.1 计划

计划是指对未来一定时期的工作进行安排和部署，从而明确工作目标和步骤，使工作可以有条不紊地按照计划目标进行下去。

3.1.1 计划的含义和特点

计划从词义上来看表示计算分割，它是指将既定的目标分割为多个子目标并制定方案实现目标的过程。计划一般具有五个特点，如图 3-1 所示。

针对性	计划是根据党和国家的方针、政策和有关的法律、法规，针对本系统、本部门的实际情况制定的，目的明确，具有针对性
明确性	计划应明确表达出组织的目标和任务，明确表达出实现目标所需的资源以及所采取的程序、方法和手段，明确表达出各级管理人员在执行计划过程中的权利和职责
可行性	在制定计划时，往往要经过充分的论证和讨论，这就确保了计划的可行性
目的性	计划的制定都是为了促进目标的实现，具有明显的目的性
预见性	计划是在行动之前制定的，具有预见性

图 3-1

3.1.2 计划的类型

根据不同的标准，可以将计划分为不同的类型。常见的分类标准有三种，如图 3-2 所示。

3.1.3 计划的模板与格式

计划一般由标题、正文和落款构成，如图 3-3 所示。

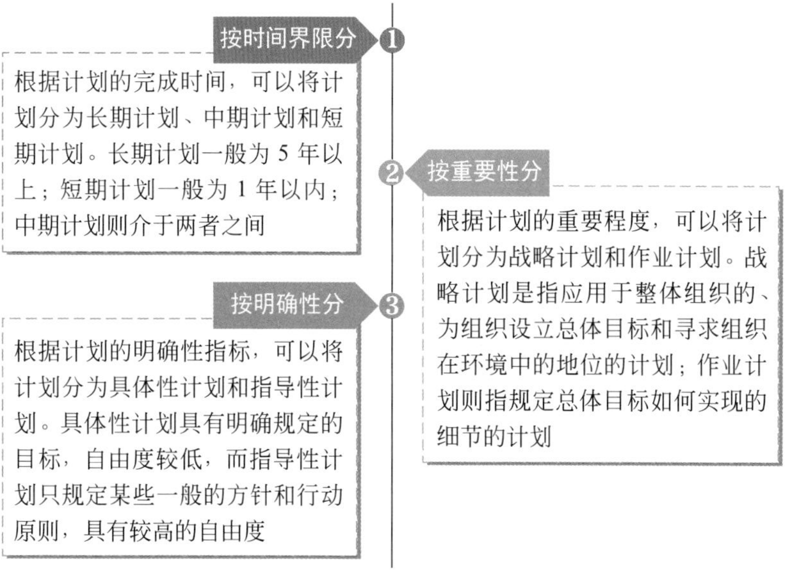

按时间界限分 ❶

根据计划的完成时间，可以将计划分为长期计划、中期计划和短期计划。长期计划一般为 5 年以上；短期计划一般为 1 年以内；中期计划则介于两者之间

按重要性分 ❷

根据计划的重要程度，可以将计划分为战略计划和作业计划。战略计划是指应用于整体组织的、为组织设立总体目标和寻求组织在环境中的地位的计划；作业计划则指规定总体目标如何实现的细节的计划

按明确性分 ❸

根据计划的明确性指标，可以将计划分为具体性计划和指导性计划。具体性计划具有明确规定的目标，自由度较低，而指导性计划只规定某些一般的方针和行动原则，具有较高的自由度

图3-2

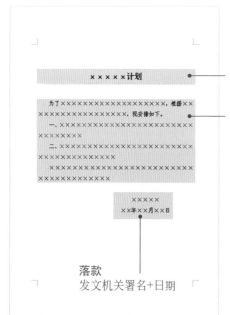

标题
事项+文种（计划）

正文
制定计划的目的、依据、任务要求、具体实施步骤、结尾、期望。正文结构分为文章式、表格式和时间轴式：文章式用于全局性的计划，具有说明性和概括性；表格式用于时间短、内容单一或量化指标较多的计划；时间轴式将计划按照主时间轴依次展开

落款
发文机关署名+日期

图3-3

3.1.4　计划的范文与注意事项

在撰写计划时，应注意以下三点：

● 计划要切实可行。在制定计划时，要从客观实际出发，深入调查研究，不能盲目主观地制定计划；

● 计划应突出重点，分清轻重缓急，以点带面；

● 制定计划时，要对实施计划过程中可能出现的偏差或问题有所预见，并提供相应的防范措施或解决方法。

以下为战略计划【范文】：

××省"十四五"特殊教育发展提升行动计划

特殊教育主要是面向视力、听力、言语、肢体、智力、精神、多重残疾以及神经发育障碍（含注意缺陷多动障碍、特定学习障碍等）、情绪行为障碍等有特殊需要的儿童青少年（以下简称特需儿童或特需学生）提供的教育。为贯彻《国务院办公厅关于转发教育部等部门"十四五"特殊教育发展提升行动计划的通知》（国办发〔202×〕×号），结合我省实际，制定如下行动计划。

一、总体要求和目标任务

坚持以习近平新时代中国特色社会主义思想为指导，全面贯彻党的教育方针，落实立德树人根本任务，遵循特殊教育发展规律，加快健全特殊教育体系，全面提升特殊教育质量，切实保障有特殊需要的儿童青少年平等接受教育的权利，努力使其成长为国家有用之才。力争到202×年，实现适龄特需儿童义务教育入学全覆盖，3至6岁特需儿童入园率达到85%，特需学生高中阶段受教育率达到80%，赋予学校基于个体需求实施课程改革的责任和自主权，建立基于循证的因材施教专业服务体系和支持保障体系，形成公益普惠、高质量融合的××特殊教育发展模式，让每一名有特殊需要的儿童青少年都有人生出彩机会。

二、提高特需学生教育普及程度

（一）普及学前教育。普通幼儿园要积极接收服务区范围内的特需儿童就近入园，确不具备接纳条件的，由当地教育部门根据特需儿童及其家庭实际情况合理安置，优先安置在设有融合教育资源中心的幼儿园。各学前融合教育资源中心有义务服务本乡镇（街道）特需儿童，做到应收尽收、应融尽融。经教育评估不具备进入普通幼儿园条件的特需儿童，可以安置到特殊教育学校学前部（班）。康复机构应协助教育部门解决特需儿童学前教育问题。支持定点康复机构、儿童福利机构举办符合标准的幼儿园（或特教办学点）。

（二）巩固义务教育。各级教育部门要将义务教育入学率和巩固率纳入常规管理，确保特殊教育全覆盖、零拒绝。义务教育阶段所有学生安置不出设区市，特需学生优先安置在普通学校普通班，特殊教育学校重点招收中重度残疾儿童少年入学。健全送教上门制度，规范送教的形式和内容，送教上门学生不超过适龄残疾学生总数的×%，超过的纳入失学或辍学统计。儿童康复和福利机构中如有尚未接受义务教育的适龄特需儿童，机构有责任及时告知并协助教育部门解决其入学问题。到202×年，各设区市及常住人口达××万人的县（市、区）均建有1所特殊教育学校，有条件的地区可提供全学段衔接的××年一贯制特殊教育服务。办好康复机构、残疾人之家、儿童福利机构的特教办学点。

（三）扩大高中阶段教育。各地要建立特殊教育高中招生制度，在医学诊断报告、初中综合素质评价基础上，分别组织普通中考、听障或视障单独中考、职业适应性测评等，并为特需学生参考提供合理便利。智力障碍等学生由特殊教育专家委员会根据评估结果集体确定教育安置方式。发展以职业教育为主的高中阶段特殊教育，各设区市和县（市、区）要依托中等职业学校设置职业教育融合资源中心，各特殊教育学校设置职教部（班），让完成义务教育且有意愿的特需学生都能接受适合的中等职业教育。支持部分设区市办好听障、视障学生普通高中班和残疾人中等职业学校，普通高中要创造条件、应收尽收具备相应学习能力的特需学生。

（四）发展高等教育。（略）

三、规范特殊教育管理机制

（一）完善特殊教育管理架构及职能。（略）

（二）健全教育康复管理体系。（略）

（三）严格教育评估和个别化教育程序。（略）

四、提升特殊教育内涵发展水平

（一）促进医康教融合。（略）

（二）注重因材施教。（略）

（三）实施专项工程。（略）

五、建设特殊教育专业化师资队伍

（一）重视培养培训。（略）

（二）加强师资配备。（略）

（三）落实津贴补助。（略）

（四）健全激励机制。（略）

六、加大特殊教育保障力度

（一）加强组织领导。（略）

（二）加大经费投入。（略）

（三）强化资源保障。（略）

省教育厅　省发展改革委　省民政厅　省财政厅

省人力资源社会保障厅　省残联　省卫生健康委

××年×月×日

3.2　总结

总结是对过去某一阶段的工作、学习或思想情况进行分析和回顾，从而为今后的工作提供帮助和借鉴的一种应用文体，是事后复盘不可或缺的一环。

3.2.1　总结的含义和特点

总结具有总体归结的意思，它是指事后对已发生的事情进行分析研究，从中获取经验和教训的过程。总结一般具有两个特点，如图3-4所示。

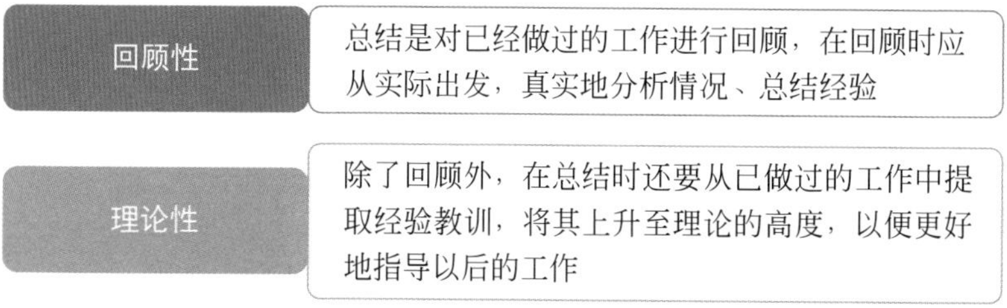

回顾性	总结是对已经做过的工作进行回顾，在回顾时应从实际出发，真实地分析情况、总结经验
理论性	除了回顾外，在总结时还要从已做过的工作中提取经验教训，将其上升至理论的高度，以便更好地指导以后的工作

图3-4

3.2.2 总结的类型

根据性质，可以将总结分为两种类型，如图3-5所示。

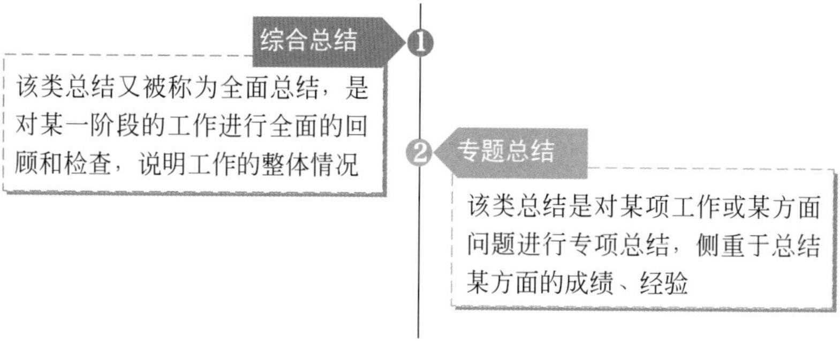

综合总结 ❶
该类总结又被称为全面总结，是对某一阶段的工作进行全面的回顾和检查，说明工作的整体情况

❷ 专题总结
该类总结是对某项工作或某方面问题进行专项总结，侧重于总结某方面的成绩、经验

图3-5

⚠ 注意事项：

除了根据性质分类外，还可根据内容、范围、时间等因素对总结进行分类。在应用时，根据自身需要应用即可。

3.2.3 总结的模板与格式

总结一般由标题、正文及落款三部分构成，如图3-6所示。

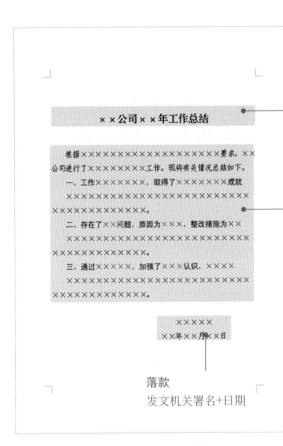

标题
①事项＋文种（计划）
②双标题（正标题点明主旨，副标题为具体内容和文种）

正文
前言：概述基本情况，包括时间、地点、指导思想、总结目的、内容概括等
主题：总结的核心部分，包括成绩、收获、经验、问题、教训等
结尾：表明未来努力的方向、改进性措施及新的设想

图3-6

3.2.4 总结的范文与注意事项

在撰写总结时，应注意以下四点：

- 总结应从实际出发，实事求是；
- 总结要体现自己的思想，不能人云亦云；
- 总结不能仅仅是流水账，而应突出重点，详略得当；
- 总结语言应简洁准确，内容层次分明。

以下为综合总结【范文】：

××省机关事务管理局202×年工作总结

202×年，省机关事务管理局坚持以习近平新时代中国特色社会主义思想为指引，深入学习贯彻党的××及××届历次全会和习近平总书记视察××重要讲话精神，坚决落实"争当表率、争做示范、走在前列"光荣使命，深入开展党史学习教育，牢固树立服务理念，持续推进对标提优，高效保障机关运转，稳步提升管理效能，实现"十四五"良好开局。

一、坚持政治统领，党的建设不断加强

（一）党的政治建设扎实推进。一是坚持理论武装，深入学习贯彻习近平新时代中国特色社会主义思想，学习贯彻党的××届×中全会和习近平总书记系列重要讲话精神，深入领会"两个确立"的重大意义和内涵要求，进一步增强"四个意识"、坚定"四个自信"、做到"两个维护"。二是把准政治方向，制定《局党组理论学习中心组及全局理论学习计划》，严格落实"第一议题"制度，自觉从讲政治、讲大局的高度审视全局工作，确保中央和省委决策部署不折不扣落实。三是强化责任落实，组织制定服务高质量发展等4张责任清单、分解落实245项具体工作任务，组织召开全省机关事务工作会议等多项专题部署会指导全省系统工作，不断提升机关事务管理部门政治落实力。

（二）党史学习教育深入开展。一是认真学党史悟思想。组织党组理论学习中心组专题学习研讨××次，全体党员人均学习时间超过××课时，党组书记带头，全体班子成员下沉到支部为党员讲授党课××堂，××余人次党员干部交流心得体会，结合庆祝中国共产党成立××周年，开展线上线下党史专题辅导，促进深学深悟、真学真悟。二是扎实解难题办实事。开展"我为群众办实事"实践活动，深入调研听取服务对象意见建议，分省级机关、设区市局、处室单位、社会公众等××类制定办实事清单××项，着力解决干部职工和人民群众"身边事""烦心事"。三是务实谋发展开新局。召开系列专题务虚会为未来五年工作把脉，组织制定《××省机关事务工作"十四五"规划》，分解责任××项，明确未来五年机关事务发展方向和主要任务。

（三）党建引领作用持续强化。（略）

二、聚焦机关运转，保障效能稳步提升

（一）工程项目建设有序推进。（略）

（二）机关办公条件日趋改善。（略）

（三）公务出行保障成效明显。（略）

（四）职工住房困难逐步化解。（略）

（五）工作生活环境不断优化。（略）

三、坚持绿色高效，管理水平大幅提高

（一）管理制度落实严格高效。（略）

（二）机关资产管理规范有序。（略）

（三）绿色低碳发展持续有力。（略）

四、深化改革创新，发展动力充分激活（略）

五、突出自身建设，履职能力持续增强（略）

一年来，全局坚持政治引领，坚定不移用习近平新时代中国特色社会主义思想指导工作，自觉在思想上政治上行动上同以习近平同志为核心的党中央保持高度一致，自觉从讲政治、讲大局的高度审视班子建设和全局工作，不折不扣贯彻落实中央和省委省政府决策部署。坚持对标提优，全面把握"争当表率、争做示范、走在前列"使命要求，对标全国先进地区，补短板、强弱项，始终以走在前、作表率的要求推动各项工作争一流、求突破。坚持攻坚克难，紧盯制约发展的难点、群众关心关注的热点、打基础管根本利长远的重点，集聚全局力量，一个事项一个事项解决、一步一个脚印推进，化解束缚阻绊，释放更大发展活力。坚持改革创新，着力破除思想阻碍、更新工作理念，创新工作落实的方法手段，加快构建科学规范、精细精致、智慧智能的管理体制机制，推动机关事务工作在现代化建设新征程上加快迈进。总结一年的工作，全省机关事务工作取得了一些实效，但一些问题还需进一步推进，机关事务基层管理责任落实还不够到位，法治化、标准化、信息化建设还比较滞后，部分干部职工住房等困难问题还没有根本解决，都需要在今后的工作中认真研究解决。

202×年，省机关事务管理局将继续坚持以习近平新时代中国特色社会主义思想为指引，更加坚定务实推进保障和管理效能提升，更加有力有效地服务

党政机关高效运转、服务全省改革发展大局，以机关事务工作高质量发展的新
成效，为"强富美高"××建设作出更大贡献。

××省机关事务管理局

××年×月×日

3.3　述职报告

述职报告主要是各级各类机关工作人员向上级、主管部门和下属群众陈述任职情况的书面报告。其内容一般包括履职情况、成绩、问题、设想等，以及据此展开的自我回顾、评估及鉴定。

3.3.1　述职报告的含义和特点

从字面上看，述职报告就是陈述任职情况的报告，它是任职者自身陈述、评议自己任职情况，并接受上级领导考核和群众监督的一种总结性报告。述职报告一般具有五个特点，如图3-7所示。

知识链接：

与总结相比，述职报告更侧重于对履职情况的陈述，而且在表述中可以添加议论部分，对履职情况进行剖析。

3.3.2　述职报告的类型

根据分类标准的不同，可以将述职报告分为不同的类型。常见的分类方式有三种，如图3-8所示。

汇报性	述职报告是向上级或群众汇报工作，具有汇报性
通俗性	述职报告的对象较为广泛，在报告时，应尽可能做到通俗易懂，以使与会者听懂
自评性	述职报告要求述职人对自身的履职情况进行自我评估、自我鉴定、自我定性。这就要求述职人必须持严肃认真的态度，客观理性地进行述职
规律性	述职报告不是简单的事实罗列，而是在事实、数据的基础上进行总结，找到其中的规律，将其上升至理性的高度，以便在今后的工作中借鉴与应用
个人性	述职报告更强调个人性，个人对工作负有的职责。述职报告是对自身所负责的组织或者部门在某一阶段的工作进行全面的回顾，并从中吸取经验和教训，从而对过去的工作做出正确结论的文书

图3-7

按内容分 ①

有三种类型，综合性述职报告、专题性述职报告和单项性述职报告。综合性是指对某时期所做的工作进行全面的报告；专题性是指对某一方面工作的专题报告；单项性是临时性的报告，是对某项具体工作进行报告

② 按时间分

可分为任期述职报告、年度述职报告和临时性述职报告三种。任期述职报告是对任职的总体工作进行报告；年度述职报告一般为一年一次，对本年度的履职情况进行报告；临时性述职报告是对临时担任的职务任职情况进行报告

按表述形式分 ③

可分为书面述职报告和口头述职报告两种，其中书面述职是指向上级领导报告的书面材料；口头述职是指向选区选民述职，或向本单位职工群众作出的口头报告

图3-8

3.3.3 述职报告的模板与格式

述职报告一般由标题、称谓、正文及落款四部分构成，如图3-9所示。

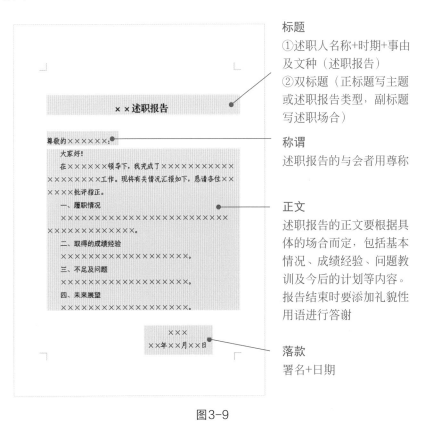

标题
①述职人名称+时期+事由及文种（述职报告）
②双标题（正标题写主题或述职报告类型，副标题写述职场合）

称谓
述职报告的与会者用尊称

正文
述职报告的正文要根据具体的场合而定，包括基本情况、成绩经验、问题教训及今后的计划等内容。报告结束时要添加礼貌性用语进行答谢

落款
署名+日期

图3-9

3.3.4 述职报告的范文与注意事项

撰写述职报告时，应注意以下两点：

● 述职报告应做到真实客观，实事求是，真实全面地反映述职人在岗位职责方面的情况；

● 述职报告的主题应明确，做到重点突出、层次鲜明。

以下为年度述职报告【范文】：

××股份有限公司××年度独立董事述职报告

作为××股份有限公司(以下简称"公司")的独立董事,现将我们××年度的主要工作情况报告如下。

一、独立董事年度履职概括

① 出席董事会情况:××年公司共召开了×次董事会,其中现场会议×次,通讯表决会议×次。我们积极参加会议,没有缺席的情况发生。我们均能按照《公司章程》及《董事会议事规则》的规定和要求,按时出席董事会会议,认真审议议案,并以严谨的态度行使表决权,充分发挥了独立董事的作用,维护了公司的整体利益和中小股东的利益。本年度我们对提交董事会的全部议案均进行了细致的审议与投票表决。

② 出席股东大会情况:××年×月×日,我们出席了公司××年度股东大会。

③ 召开董事会专业委员会情况:公司董事会下设审计委员会、薪酬委员会、战略决策委员会,并制定相应的实施细则。我们依据相关规定组织召开并出席会议,对公司的规范发展提供合理化建议。

二、年度履职重点关注事项的情况

××年,我们重点关注了以下事项,经核查后对各类事项的相关决策、执行及披露情况的合法合规性做出了独立明确的判断,并发表了独立意见,具体情况如下。

1.关联交易

我们仔细阅读了公司《××年度日常关联交易完成情况及××年度日常关联交易计划的议案》,作为公司的独立董事,我们慎重地对公司提供的资料做了分析,发表了如下独立意见:公司与各关联方进行的各项关联交易,体现了诚信、公平、公正的原则,符合市场经济原则和国家有关规定;董事会对以上关联交易表决时,关联董事进行了回避,表决人数及方式符合有关法律法规的要求。公司进行的关联交易符合公司全体股东的利益,没有损害中小股东和其他非关联股东的利益。

2. 对外担保及资金占用情况

根据中国证监会《关于规范上市公司与关联方资金往来及上市公司对外担保若干问题的通知》（证监发〔××〕56号）的精神，我们对公司与关联方资金往来以及对外担保情况进行了专项核查，我们认为公司能够严格执行国家的有关法律法规和公司对外担保的管理制度，报告期内公司控股股东及其子公司不存在非经营性占用公司资金的情形，公司也没有为控股股东及其他关联方、其他单位或个人提供违规担保，维护了公司和股东的合法权益。

3. 募集资金的使用情况

××年，公司没有进行资金募集，也没有延期到报告期使用的募集资金。

4. 高级管理人员提名及薪酬情况

（1）高级管理人员提名情况

报告期内，我们对公司董事长×××先生提名×××先生担任总经理，×××先生担任董事会秘书，总经理×××先生提名×××先生、×××先生担任副总经理，发表了独立意见。我们认为上述人员的提名、选举和聘任程序符合国家法律法规和《公司章程》的相关规定。

（2）高级管理人员薪酬情况

报告期内，我们对公司××年度高级管理人员薪酬与考核结果进行了审核。我们认为公司所披露的报酬金额与实际发放情况相符，且符合公司绩效考核与薪酬制度的管理规定，严格按照考核结果发放。

5. 业绩预告及业绩快报情况

报告期内，公司按照《××证券交易所股票上市规则》的相关规定，发布了一次业绩快报。

6. 聘任或者更换会计师事务所情况

×××会计师事务所在担任公司各专项审计和财务报表审计过程中，坚持独立审计准则，较好地履行了双方约定的责任与义务，我们同意续聘×××会计师事务所继续担任公司的财务审计机构。

7. 现金分红及其他投资者回报情况

报告期内，根据有关规定，公司在保持自身持续稳健发展的同时高度重视股东的合理投资回报，建立持续、稳定、科学的分红政策。董事会修改《公司章程》中的利润分配政策相关条款、制定《××××股份有限公司股东未来分红回报规划（××—××年）》（以下简称"《股东回报规划》"）及其决策程序符合有关法律法规及《关于进一步落实上市公司现金分红有关事项的通知》《公司章程》等的规定，修改后的《公司章程》利润分配政策和制定的《股东回报规划》更好地保护了投资者特别是中小投资者的利益。

8.公司及股东承诺履行情况

报告期内，公司不存在公司及股东承诺履行事项。

9.信息披露的执行情况

报告期内，公司共完成了四次定期报告的披露（包括××年度报告、××年第1季度报告、××年半年度报告和××年第3季度报告）和××次临时事项的披露。我们对公司××年的信息披露情况进行了持续关注与监督，我们认为公司信息披露的执行符合《公司法》《证券法》《××证券交易所股票上市规则》以及《公司章程》《公司信息披露管理制度》的规定，履行了必要的审批、报送程序，信息披露真实、准确、完整、及时，不存在任何虚假记载、误导性陈述或者重大遗漏。

10.内部控制的执行情况

报告期内，为贯彻实施《企业内部控制基本规范》，强化公司内部控制，提升公司经营管理水平和风险防范能力，公司制定了《内部控制规范实施工作方案》，并经公司第××届董事会第二十二次会议审议通过。我们按照《内部控制规范实施工作方案》的要求，督促公司内控工作机构，全面开展内部控制的建设、执行与评价工作，推进企业内部控制规范体系稳步实施。公司现已根据《企业内部控制基本规范》《企业内部控制配套指引》及其他相关法律法规的要求，对纳入评价范围的业务与事项均已建立了内部控制，形成了适应公司生产经营管理和战略发展需要的内部控制体系。该内部控制体系已在公司内部得以有效执行，为公司各项生产经营业务的健康运行，财务报表的真实、准确、完整提供了保障。

11.董事会以及下属专门委员会的运作情况

××年度，公司董事会及其下属专门委员会积极开展工作，认真履行职责。公司董事会全年召开了××次会议，审议通过了公司××年度报告、董事会换届选举、《公司章程》修订等关系公司发展的重大事项，促进了公司各项经营活动的顺利开展；董事会战略与投资委员会根据公司所处的行业环境、技术发展状况和市场形势，对公司发展战略及实施提出了合理化建议；董事会审计委员会主要开展的工作有公司××年度财务报告审议、年报编制监督、年报审计会计师工作监督与评价、××年度审计机构聘任建议等。

12.其他工作情况

（1）报告期内，没有对本年度的董事会议案提出异议；

（2）报告期内，没有独立董事提议召开董事会情况发生；

（3）报告期内，没有独立董事独立聘请外部审计机构和咨询机构的情况发生。

三、总体评价和建议

作为××××股份有限公司的独立董事，我们严格按照《公司法》《证券法》和《关于在上市公司建立独立董事制度的指导意见》等法律法规，以及《公司章程》《独立董事工作制度》等规定，忠实、勤勉地履行职责，独立、负责地行使职权，及时了解公司生产经营信息，全面关注公司的发展状况，积极出席公司召开的董事会及相关会议，参与重大经营决策并对重大事项独立、客观地发表意见，充分发挥了独立董事的独立作用，尽可能有效地维护公司的整体利益和全体股东尤其是中小股东的合法权益。

××年，我们将继续重点关注公司治理的完善、现金分红政策的执行、关联交易、对外担保以及信息披露等事项。我们将继续独立、忠实、勤勉、严格地履行法定职责，通过自己的工作切实保障全体股东的利益，为促进公司的可持续发展贡献力量。

以上为本人作为独立董事在××年度履行职责情况的汇报。最后，对公司董事会、经营班子和相关人员，在我履行职责的过程中给予的积极有效配合和支持，表示衷心感谢。

述职人：×××

××年×月×日

3.4　简报

简报不是一种体裁，而是传递某方面信息的简短的内部小报，一份简报可以刊登一篇或多篇文章。

3.4.1　简报的含义和特点

从字面上看，简报就是简要的报告，主要起到反映情况、交流经验、传播信息的作用。简报一般具有三个特点，如图3-10所示。

专业性强	简报一般由有关单位、部门主办，用于传递相关工作的各种信息，具有较强的专业性
篇幅简短	简报的篇幅一般比较简短，一期简报甚至只登一篇文章、几段信息或几篇文章，且总字数一般较少，语言简明精练，方便读者阅读
内部交流	简报一般不宜公开传播，只能在编报机关管辖范围内各单位之间交流。部分专给某一级领导人看的简报，有一定的保密要求，不能任意扩大阅读范围

图3-10

3.4.2　简报的类型

根据内容和性质的不同，一般可以将简报分为四种类型，如图3-11所示。

3.4.3　简报的模板与格式

简报的构成如图3-12所示。

业务简报 **①**

该类型简报又称日常工作简报，应用较为广泛，可以反映本地区、本系统、本部门日常工作或问题。业务简报常以定期或不定期的形式出现，在一定范围内发行

② 专题简报

该类型简报又称中心工作简报，是一种阶段性的简报，可以反映机关工作中某一时期的中心工作、某项中心任务情况

会议简报 **③**

该类型简报是一种临时性的简报，可以反映会议情况，包括会议中的情况、发言及会议决定等。规模较大的会议可以编发多期简报

④ 动态简报

该类型简报的时效性、机密性较强，其内容一般包括情况动态和思想动态

图3-11

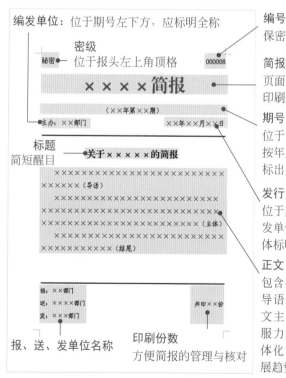

编发单位：位于期号左下方，应标明全称

密级
位于报头左上角顶格

编号
保密性的简报需加编号

简报名称（报头）
页面上方居中，用套红印刷的大号字体

期号
位于简报名称正下方，按年度依次排列，也可标出累计的总期号

发行日期
位于期号右下方，与编发单位在同一行。需具体标明年、月、日

标题
简短醒目

正文
包含导语、主体和结尾。导语简明扼要地概括全文主旨；主体用具有说服力的材料，将导语具体化；结尾表明事情发展趋势和未来展望

报、送、发单位名称

印刷份数
方便简报的管理与核对

图3-12

3.4.4　简报的范文与注意事项

撰写简报时，应注意以下三点：

● 简报内容应做到准确真实；

● 简报内容应简短精练，用尽可能少的文字说清楚问题；

● 简报应具有前瞻性，要抓住未来的、趋势性的问题。

以下为业务简报【范文】：

××应急管理简报

（××年第××期）

主办：××省应急管理厅　　　　　　202×年×月×日

××市创新便民服务
实现"三项岗位人员"考试线上预约

近日，××市应急管理局正式上线"考试预约服务平台"，省内首次实现"三项岗位人员"考试自主预约，推动考试组织方式从"套餐式"被动安排向"明档式"自主选择转变。

一是加强数据研析，精准发布考试计划。建立考试流量分布预测模型，通过上半年××场×万余人次考试安排的实践校正，科学预测形成全市年度、季度、月度考试计划安排并提前×日线上公布；每周五固定为"补考日"，供送考单位集中预约，用于补考考生的统一安排，防止证件过期。

二是聚焦流程优化，畅通多重预约路径。提供个人、集体等多路径考试预约方式，且考试计划上报前可在线取消或重新预约；同时根据疫情防控形势、考试工种需求、全市考场容量等情况，有针对性地动态调整考试计划，保证考试计划的合理性和可操作性，考试缺考率由×%降低至×%以下；开通预约救济通道，"考试预约服务平台"在规定时限内对未预约考生自动安排一次并短信通知，考生可根据自身实际取消再预约。

三是配优考试资源，加大考试服务力度。要求各分考点积极承担本辖区内考试任务，并每周至少固定×个工作日服务全市考生，最大程度方便考生选择；根据考试预约情况，提前×日建立考试补充计划公布剩余考位，增设专人专岗，保障理论考试合格后希望当日完成实操考试的初训考生，实现考试由"最少跑两次"变为"最多跑一次"。自×月×日上线以来，平台已累计服务考生××人次，考生自主预约共××人次，集体预约××人次。

××市××区燃气智慧报警设备
助力瓶装燃气24小时"云看护"

××市××区针对部分老旧小区、餐饮店无法安装管道天然气，瓶装液化气使用面广量大的现实情况，202×年初开始启动智慧燃气监管平台项目建设，通过"智慧监管"守护燃气瓶安全。

一是平台功能系统集成。智慧燃气监管平台由可燃气体探测器、瓶装液化石油气电磁阀、远程监控平台、7×24小时不间断大屏幕监控展示平台及用户端手机小程序、短信平台等组成，实现"线上预警+线下应急"有机结合。

二是安全隐患即时感知。监控人员可通过平台查看各用户用气场所安装的可燃气体探测器的状态、信息、燃气浓度，当平台检测到泄漏浓度达到报警设定值时发出声、光报警信号，探测器可自动控制连接的电磁阀切断气源，并通过无线通信发送至智慧监管平台，监控人员将报警信息用语音、短信等通知到用户负责人和各街道安全网格员，从而实现第一时间预警与处置，减少和消除燃气事故损失。

三是智慧监管全区覆盖。项目建设以来，××区政府先后出资近××万元，为全区××户餐饮用户、××户瓶装液化气居民用户免费安装智慧燃气报警设备，实现所有气瓶24小时"云看护"。目前，智慧监管平台共计接收警情××

起，其中重度泄漏报警××起，均得到及时处置。

送：省委办公厅、省人大办公厅、省政府办公厅、
　　　省安委会主要成员单位、各设区市委、市政府　　　　　　共印××份
发：××省应急管理厅

3.5　调查报告

调查报告是汇报调查情况的文书，多用于对事物的本质及发展趋向进行了解和剖析，从而解决实质问题。

3.5.1　调查报告的含义和特点

调查报告是在对某个特定对象进行深入调查的基础上，经过整理、分析以及研究，以书面的形式将调查结果呈现出来的一种汇报性文书。其一般具有三个特点，如图3-13所示。

写实性	调查报告是在基于大量事实资料的情况下，用叙述性的语言实事求是地反映某一客观事物。要求从事实出发，强调报告的写实性
针对性	调查报告具有明确的意向，往往是从实际出发，针对某一问题进行调查，具有针对性
逻辑性	调查报告在确凿事实的基础上，对核实无误的数据和事实进行严密的逻辑论证，而不是单纯地堆砌材料

图3-13

3.5.2 调查报告的类型

根据内容和性质的不同，一般可以将调查报告分为四种类型，如图3-14所示。

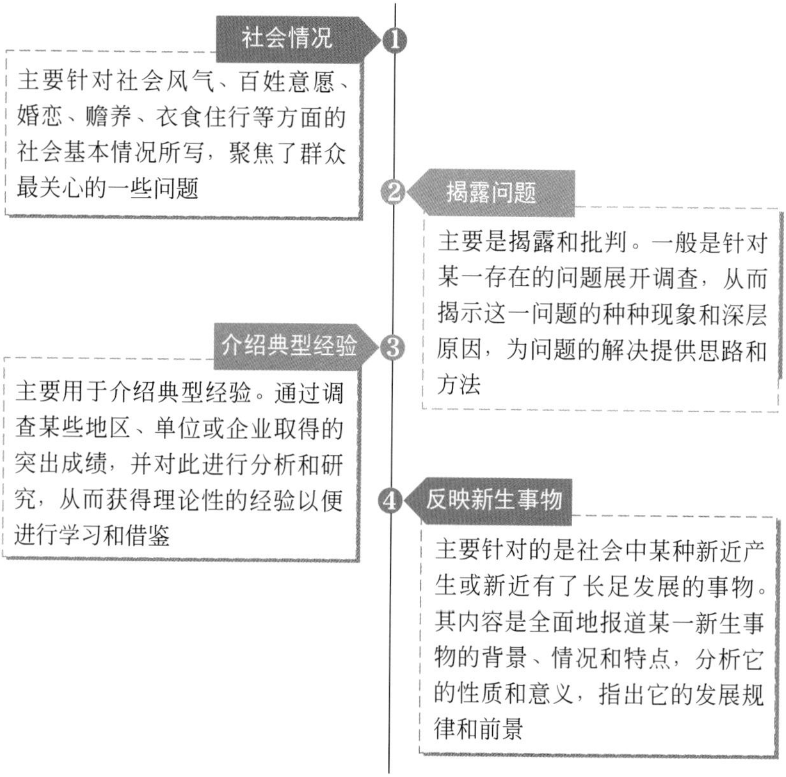

① 社会情况

主要针对社会风气、百姓意愿、婚恋、赡养、衣食住行等方面的社会基本情况所写，聚焦了群众最关心的一些问题

② 揭露问题

主要是揭露和批判。一般是针对某一存在的问题展开调查，从而揭示这一问题的种种现象和深层原因，为问题的解决提供思路和方法

③ 介绍典型经验

主要用于介绍典型经验。通过调查某些地区、单位或企业取得的突出成绩，并对此进行分析和研究，从而获得理论性的经验以便进行学习和借鉴

④ 反映新生事物

主要针对的是社会中某种新近产生或新近有了长足发展的事物。其内容是全面地报道某一新生事物的背景、情况和特点，分析它的性质和意义，指出它的发展规律和前景

图3-14

3.5.3 调查报告的模板与格式

调查报告一般由标题、前言、主体和结尾四部分构成，如图3-15所示。

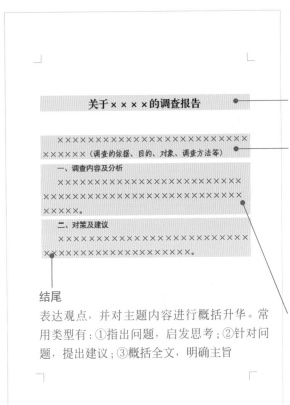

标题

①公式化：调查对象 + 调查课题 + 文种（调查报告）；

②双标题形式，即正文用常规标题写法，副标题则用公式化写法

前言

主要陈述调查的内容、调查对象的基本情况、调查的结论等。常用的类型有提要式、交代式、问题式三种

结尾

表达观点，并对主题内容进行概括升华。常用类型有：①指出问题，启发思考；②针对问题，提出建议；③概括全文，明确主旨

主体

调查的核心。常用的结构为：①用观点串联材料；②以材料性质归类分层；③以调查过程的不同阶段自然分层

图3-15

3.5.4　调查报告的范文与注意事项

撰写调查报告时，应注意以下两点：

● 调查报告的立足点就在其写实性上，报告内容应真实可靠，数据确切；

● 主题要突出，不能简单地堆砌材料。

以下为社会情况调查报告【范文】：

××市背街小巷整治情况调查报告

背街小巷是城市空间的"毛细血管",体现着一座城市的温度和内涵,更和百姓的幸福指数息息相关。自××年起推动精细化城市治理,截至××年,全市累计××条××小巷"旧貌换新颜",××年××计划推动××条背街小巷的精细化整治。对此,××市人民政府网站于××年×月×日至×月×日在全市范围内就"××市背街小巷整治情况"进行调查,调查结果如下。

一、调查分析

本次调查参与人数××人,其中男性××人(××%),女性××人(××%)。接受教育情况:××人具有大学本科及以上学历,占调查总数的××%;其余××人为大专、高中及以下文化程度,占调查总数的××%。年龄情况:18～22岁××人(××%),23～35岁××人(××%),36～59岁××人(××%),60岁及以上××人(××%)。职业情况:在校大学生××人(××%),企业××人(××%),学校及研究机构××人(××%),政府及事业单位××人(××%),自主创业××人(××%),自由职业××人(××%)。

参与调查的××人中,××%的人对××市开展的背街小巷整治行动有一定的了解。参与调查者中,××%的人对背街小巷的整体感觉是"非常好"和"比较好",××%的人感觉"一般",××%的人感觉"不太好"和"不好"。调查显示,××%的参与调查者知道背街小巷开展过整治工作。这些背街小巷开展整治工作后,××%的人表示环境卫生情况有很大改善,××%的人表示略有改善,××%的人表示没有改善,还有××%的人表示这些背街小巷的环境卫生情况不但没有改善,反而有所恶化。对于这些背街小巷的整治工作,满意度为××%,其中,××%的人表示"非常满意"。

在参与调查者看来,背街小巷需要重点整治的问题包括:停车混乱(××%)、道路破损(××%)、私搭乱建(××%)、垃圾乱堆乱倒(××%)、违规经营(××%)等。造成背街小巷"脏乱差"的原因,参与调查者认为主要集中在三个方面:城市综合管理能力不足,存在维护管理盲区(××%);对违规行为处罚不严，缺乏震慑力（××%）；居民和商户的卫生意识差，主动维护环境卫生的热情不高（××%）。背街小巷整治中，参与调查者最关注的三个方面是环境卫生（××%）、市容秩序（××%）和基础设施（××%）。调查结果也显示，大多数（××%）的人愿意和家人一起为维护街巷环境做努力。

在参与调查者看来，进一步开展背街小巷整治工作，以下五个方面最为关键：加强整治，对违停车辆严格执法（××%）；注重落实长效管理，巩固整治提升成果（××%）；开展专项检查，清除私搭违建设施（××%）；完善便民服务设施，满足居民日常需求（××%）；加派人手，做好垃圾清理、道路维护等工作（××%）。

二、建议与意见

关于如何进一步开展背街小巷整治工作，优化人居环境，参与调查者主要提出了以下建议与意见：

第一，加强整治力度，开展专项检查。加强城市背街小巷环境综合整治力度，围绕居民反映较多的问题，开展专项检查，对检查中发现的违停车辆、私搭违建、垃圾清理不及时等问题，严格处罚并及时进行整改，确保城市管理无盲区、无死角，全面提升城市综合环境质量。

第二，注重落实长效管理，巩固整治提升成果。落实多项长效管理举措，及时巩固和提升整治成效，坚决遏制停车混乱、道路破损、私搭乱建等各类乱象"回潮"，实现背街小巷管理的常态化、规范化和长效化。

第三，完善便民服务设施，满足居民日常需求。加快补齐公共基础设施短板，进一步完善便民服务软硬件设施，打造高效、便捷的便民服务体系，提升小区居民群众的获得感与满足感。

3.6　工作汇报

工作汇报是指工作人员向上级汇报工作时使用的一种应用文体，其主要起到加强沟通、促进思考的作用。

3.6.1 工作汇报的含义和特点

从字面上看，工作汇报是指综合工作材料向上级或群众报告。该文种可以加深上级或群众对工作内容及进度的了解，同时还可以使汇报人自查工作中的问题，并进行改进。工作汇报一般具有两个特点，如图3-16所示。

针对性	工作汇报一般是围绕一个明确的主题而写，重点突出，结构紧凑
真实性	工作汇报的材料应根据工作内容据实描述，确保真实可信

图3-16

3.6.2 工作汇报的类型

根据内容和性质的不同，一般可以将工作汇报分为两种类型，如图3-17所示。

图3-17

3.6.3 工作汇报的模板与格式

工作汇报一般由标题、称谓、正文及落款四部分构成，如图3-18所示。

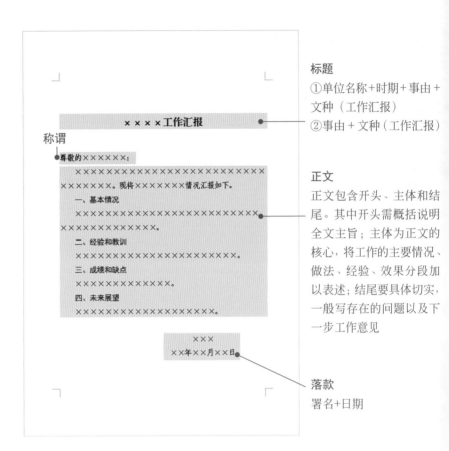

标题
①单位名称+时期+事由+文种（工作汇报）
②事由 + 文种（工作汇报）

正文
正文包含开头、主体和结尾。其中开头需概括说明全文主旨；主体为正文的核心，将工作的主要情况、做法、经验、效果分段加以表述；结尾要具体切实，一般写存在的问题以及下一步工作意见

落款
署名+日期

图3-18

3.6.4　工作汇报的范文与注意事项

撰写工作汇报时，应注意以下两点：

● 工作汇报应做到突出重点，详略得当，条理清晰；

● 工作汇报内容应从事实出发，不得弄虚作假。

以下为综合性工作汇报【范文】：

××乡××年工作情况汇报

尊敬的××××：

首先，热烈欢迎各位领导在百忙之中来到××乡检查指导工作，根据会议安排，由我先将××乡××年度的工作情况进行汇报：

一、领导班子运行情况

1.领导班子配备情况。××乡党政班子成员共有××人，其中正科级及以上干部××人，副科××人。班子成员中有党员××人；40岁以下有××人，41～50岁××人，51岁以上××人，班子成员平均年龄××岁；有大专及以上文化程度××人，配备女性领导××人。班子成员实现了老中青的梯级组合。

2.领导班子建设情况。一是坚持民主集中制原则。对全乡各项工作安排及"三重一大"事项，均能做到会议商量讨论决定。二是坚持中心组学习制度。每月按要求开展党委中心组学习，增强党委班子成员"四个意识"、坚定"四个自信"，自觉做到"两个维护"。三是坚持党风廉政制度。认真落实党委主体责任、纪律监督责任及"一岗双责"制度，通过正、反案例教育学习，不断增强班子成员廉洁自律意识，筑牢纪律红线。

3.班子政治建设存在的问题。一是理论学习有待加强。一方面表现为班子成员政治理论集中学习认真，但自学的积极性和主动性不够；另一方面是个别班子成员理论学习不能与实践工作相结合，造成理论学习指挥实践行动不到位。二是服务意识有待加强。一方面是个别班子成员对"全心全意为人民服务"的群众宗旨领会不够深入，在工作中主动服务意识不强；另一方面是个别班子成员做群众工作的耐心不够，方法不对，尤其是对待一些反映问题的群众作风较粗暴。三是规矩意识有待加强。一方面表现为个别班子成员保密意识欠缺，对党政班子商量还未决定的事项爱散布小道消息。另一方面表现为个别班子成员规矩意识淡薄，会议精神和重要工作不传达、不请示，自作主张导致工作开展被动等。

二、工作开展情况

1.抓学习，提升班子成员思想水平。坚持理论联系实际，加强党性修养，在党委书记的带头下，认真学习了《中国共产党章程》、习近平总书记系列重要讲话精神、《廉政准则》等相关文献规定，班子成员还坚持每年至少到所联系的村支部上一次党课，每月参加一次党委中心组学习。在"两学一做""不忘初心、牢记使命"主题教育学习中，各班子成员认真完成了学习任务，在党员群众中起到了很好的带头作用。

2.抓制度，提升班子成员的领导水平。通过不断摸索和科学决策，完善了《机关干部目标管理考核责任状》《村级目标管理责任书》，出台了《××乡网格化责任制》《限时办结责任制》《便民服务大厅管理细则》等一系列工作制度，通过制度管人、管事，确保各项工作开展有因有果、有始有终。同时班子成员严格落实民主生活会制度，通过民主生活会开展深刻的批评和自我批评，互相监督、自我约束，有力提升了班子成员的领导水平。

3.抓作风，提升班子成员的执政水平。首先是从书记做起，通过党组织"一把手"把作风建设从上至下传达到每个乡村党员干部的思想中，并通过制定各项规章制度进行严格的绩效考核。其次是班子成员以身作则，"带领队伍"将自己分管的业务工作、包村工作扎实推进，将上级的各项惠民、扶贫政策落到实处，不断提升群众的幸福指数。

三、落实全面从严治党情况

1.不断完善主体责任落实体系。首先，班子成员牢牢树立"抓从严治党是履职，不抓是失职，抓不好是渎职"的理念，将全面从严治党主体责任落到实处。年初，乡党委就与各村各单位签订了目标管理责任书，将风险点和负面清单进行了细化。其次，每年积极组织各支部书记的"双述双评"活动，进一步传导责任压力，全面推动"两个责任"向纵深、向基层延伸。同时还出台《××乡廉政风险防控实施方案》等一系列制度，从制度建设上提供根本保障，强化制度约束，规范权力运行。

2.不断强化警示教育。一是通过会议经常性开展学习，特别是发生在身边的曾佑光、谢开翰各类案例的通报处理、警示视频等，用身边人的故事警示自己，强化自己的主体意识和责任意识。二是通过新媒体进行宣传，通过在乡、村干部微信群定期或不定期转发"××风纪"上面公布的一些典型案例，引导党员干部树立正确的人生观和价值观。三是参观基地常警示。定期组织全体干部或村干部到省级红色教育基地椅子山烈士陵园，以及县监狱、县禁毒科普馆等地参观，接受思想洗礼。

3.不断强化督查和执纪问责。一是围绕中心工作抓好常态化督查，特别是风险点极高的低保、贫困户评议和政策落实等工作，针对自查和群众反映的问题一查到底，保证了政策红线类问题在我乡零发生。二是对乡村干部容易犯的"慢作为、不作为"问题进行了常态化督查，近年来共开展"双贴双下一提高"、扶贫领域等各类专项督查××余次，发现问题××起全部处理到位，批评教育干部××人，起到了很好的警示作用。三是针对各村特别是合并村"两委"第一次换届存在的隐患，及时约谈提醒了候选人××名，有效促进了换届风清气正的环境。

四、下一步打算

1.坚定理想信念，不断提升班子成员党性修养。领导班子成员要自觉加强党性锤炼，切实提升道德境界，追求高尚情操，自觉抵制歪风邪气，自觉远离低级趣味，坚持不懈抓好党的科学理论武装，加强对中国特色社会主义理论学习，重点学深悟透十九大历次全会精神和习近平新时代中国特色社会主义思想相关文献，坚持和完善党委理论中心组学习制度，党委中心组每年集体学习不少于上级规定次数，部分学习要扩大到机关支部全体党员，综合运用个人自学、集体研讨等多种形式，进一步抓好专题学习和延伸学习，确保学有所思、学有所获，将学习强国、××党建等学习情况纳入党员评先评优的重要依据。同时要结合主题教育及其他形式的学习按计划做好正面宣传和警示教育学习，进一步认识党性修养的重要性，把牢政治方向、站稳政治立场，始终保持高度的政治敏锐性和政治鉴别力，自觉理清思想认识上的误区，切实纠正行动上的偏差，使"在党言党、在党为党、在党忧党，对党忠诚、为党奉献"成为领导班子全体成员的行动自觉。

2.加强作风建设，不断改善班子成员服务质量。干部作风如何，直接关系到我们党和政府在群众中的形象，关系到我们党的路线方针政策的落实。加强干部作风建设，就是要强化宗旨意识，增强服务观念；加强干部作风建设，就是要清楚干部队伍中不作为、慢作为、乱作为的现象。首先是强化领导班子的服务意识和能力。坚持集体领导，民主决策，正确处理好集体领导与个人分工负责的关系，班子成员间相互协商、沟通，杜绝在工作中出现推诿扯皮的现象，同时通过不断学习提升自身解读政策、解决问题的能力。其次是强化乡村两级干部服务意识和能力。联村领导带领包村干部坚持每周下村安排指导工作不少于2次。领导班子带头示范，做好表率，团结带领全体乡村干部搞好脱贫攻坚、基层党建等各项工作。做到真正深入基层听真话、访实情，了解群众疾苦，解决群众困难，真正做到：民有所想，我有所为；民有所呼，我有所应；民有所盼，我有所干。每月例会上对村干部提出的疑难问题，由乡党委研究后统一答复并明确问题限期整改，能立即解决的立即解决，不能立即解决的限定工作时限办理。

3.强化规矩意识，不断增强班子成员责任担当。班子成员要带头强化规矩意识，严格按政策法规办事，按制度程序办事，决不允许互相推诿、吃拿卡要的情况出现。同时要提高工作效率，大力倡导首位责任制，切实抓好工作落实。还要进一步强化责任担当，自觉做到守土有责、守土尽责。要破除"不求有功、但求无过"的思想，牢固树立"无功便是过、无为如贪"的理念，牢固树立敢于担当、勇为善为的理念。最后也要严肃责任追究，对工作过程中不讲规矩、没有责任担当、造成严重后果的领导干部要严肃处理。

×× 乡人民政府

×× 年 × 月 × 日

第 4 章

经济类
文书写作

知识要点

1. 可行性研究报告写作

2. 审计报告写作

3. 财务分析报告写作

4. 招标书写作

5. 投标书写作

6. 减免税申请书写作

4.1　可行性研究报告

可行性研究报告又称可研报告，是指制定一个项目之前，对影响该项目的各种因素包括经济、技术、生产、供销直到社会各种环境、法律等进行具体调查、研究、分析，确定有利和不利的因素、项目是否可行，估计成功率、经济效益和社会效益大小，上报决策者和主管机关审批的文件。

4.1.1　可行性研究报告的含义和特点

可行性研究报告是指研究一个项目执行的可能性的报告，即运用多个学科对一个项目的必要性、可行性、合理性进行技术经济论证的综合科学报告。可行性研究报告一般具有四个特点，如图4-1所示。

科学性	可行性研究报告是建立在客观基础上的分析、评判所形成的书面报告，在进行研究的过程中，每一步都应力求客观全面。在分析时应用正确的理论和依据相关政策来研究问题
周密性	可行性研究报告的内容越详细周密越好，只有尽可能完备地研究论证，研究内容的可行性或不可行性才能显露出来
程序性	可行性研究报告是决策前的关键环节，是决策的基础。为保证决策的科学性，一定要有可行性研究这一过程，最后的获批也一定要经过相关的法定程序
预见性	可行性研究报告是对未来事项的一种评估，具备前瞻性和预见性

图4-1

4.1.2 可行性研究报告的类型

根据用途的不同，可以将可行性研究报告分为五种类型，如图4-2所示。

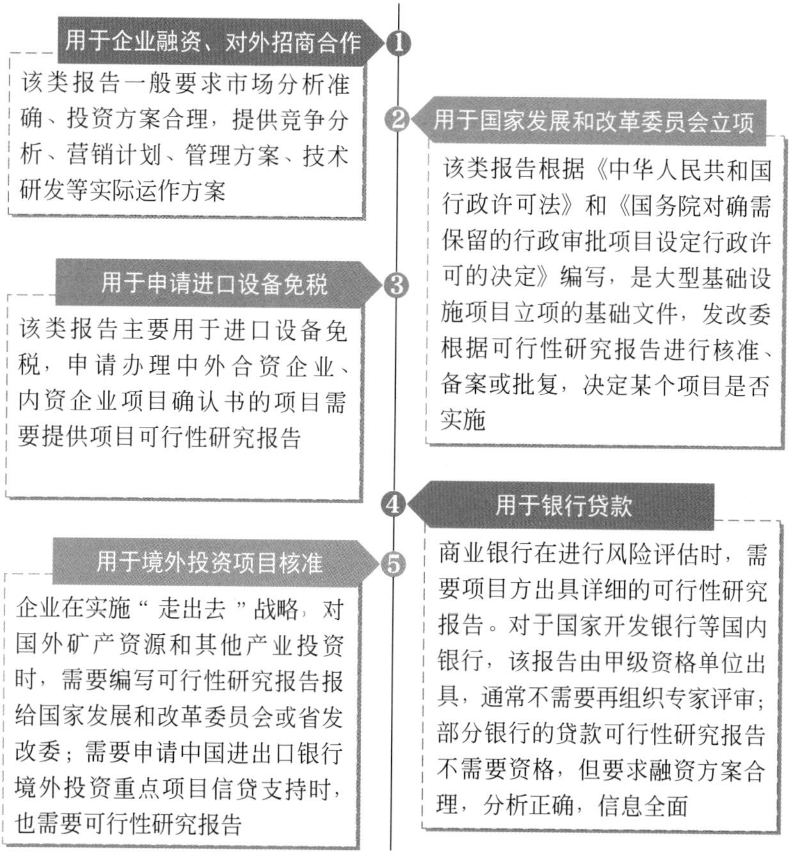

用于企业融资、对外招商合作 ❶

该类报告一般要求市场分析准确、投资方案合理，提供竞争分析、营销计划、管理方案、技术研发等实际运作方案

❷ 用于国家发展和改革委员会立项

该类报告根据《中华人民共和国行政许可法》和《国务院对确需保留的行政审批项目设定行政许可的决定》编写，是大型基础设施项目立项的基础文件，发改委根据可行性研究报告进行核准、备案或批复，决定某个项目是否实施

用于申请进口设备免税 ❸

该类报告主要用于进口设备免税，申请办理中外合资企业、内资企业项目确认书的项目需要提供项目可行性研究报告

❹ 用于银行贷款

商业银行在进行风险评估时，需要项目方出具详细的可行性研究报告。对于国家开发银行等国内银行，该报告由甲级资格单位出具，通常不需要再组织专家评审；部分银行的贷款可行性研究报告不需要资格，但要求融资方案合理，分析正确，信息全面

用于境外投资项目核准 ❺

企业在实施"走出去"战略，对国外矿产资源和其他产业投资时，需要编写可行性研究报告报给国家发展和改革委员会或省发改委；需要申请中国进出口银行境外投资重点项目信贷支持时，也需要可行性研究报告

图4-2

4.1.3 可行性研究报告的模板与格式

可行性研究报告一般包括标题、正文及附件三部分，如图4-3所示。

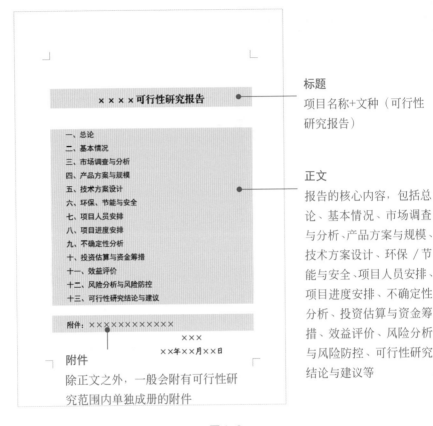

标题
项目名称+文种（可行性研究报告）

正文
报告的核心内容，包括总论、基本情况、市场调查与分析、产品方案与规模、技术方案设计、环保／节能与安全、项目人员安排、项目进度安排、不确定性分析、投资估算与资金筹措、效益评价、风险分析与风险防控、可行性研究结论与建议等

附件
除正文之外，一般会附有可行性研究范围内单独成册的附件

图4-3

4.1.4　可行性研究报告的范文与注意事项

在撰写可行性研究报告时，应注意以下三点：

● 实事求是，从客观实际出发，保证研究内容的科学性；

● 数据翔实，论证充分，结论明确；

● 多方案比较，择优选取。

以下为××项目可行性研究报告【范文】（摘取部分内容）：

××生态农业田园项目可行性研究报告

第一章 总论

第一节 项目基本信息

一、项目名称

××生态农业田园项目

二、项目性质（略）

三、项目申报单位（略）

四、项目建设地点（略）

五、项目建设内容（略）

六、项目运营（略）

七、项目建设周期（略）

八、总投资及资金筹措（略）

第二节 主要研究结论

一、经济效益（略）

二、社会效益（略）

第三节 可行性研究报告编制依据及研究范围

一、编制原则（略）

二、编制依据（略）

三、研究范围（略）

第二章 项目建设背景、必要性和可行性分析

第一节 项目建设背景

一、政策背景

1.国家政策

（1）《国土资源部 国家发展改革委关于深入推进农业供给侧结构性改革 做好农村产业融合发展用地保障的通知》（国土资规〔20××〕×号）

20××年×月×日，国土资源部、国家发展改革委联合公布《国土资源部 国家发展改革委关于深入推进农业供给侧结构性改革 做好农村产业融合发展用地保障的通知》。《通知》指出深入推进农业供给侧结构性改革，做好农村一二三产业融合发展的用地保障。

加强建设用地计划指标支持。安排一定比例年度土地利用计划，专项支持农村新产业新业态和产业融合发展。对利用存量建设用地进行农产品加工、农产品冷链、物流仓储、产地批发市场等项目建设或用于小微创业园、休闲农业、乡村旅游、农村电商等农村二三产业的市、县，可给予新增建设用地计划指标奖励。

（2）《"十三五"农业农村科技创新专项规划》（国科发农〔201×〕×号）

……

2.地方政策

3.土地政策、相关规划

××年×月，《国务院关于促进节约集约用地的通知》发布，文件中要求切实保护耕地，大力促进节约集约用地。积极引导使用未利用地，国土资源部门要对适宜开发的未利用地做出规划，引导和鼓励将适宜建设的未利用地开发成建设用地。

……

二、经济背景

1.国民经济平稳发展，居民收入不断提高，居民消费结构持续升级

××年，全年国内生产总值×××亿元，比上年增长××%。其中，第一产业增加值××亿元，增长××%；第二产业增加值××亿元，增长××%；第三产业增加值××亿元，增长××%。第一产业增加值占国内生产总值的比重为××%，第二产业增加值比重为××%，第三产业增加值比重为××%。

……

2.地方经济总体经济发展良好，居民消费水平较高

……

三、社会背景

1.食品问题频发，有机食品受到更多关注

"民以食为天，食以安为先"。中国的饮食文化源远流长，是中国文化的魅力所在。但是现在，公众却在消费的过程中不断遭受问题食品的威胁，一顿普通的午餐，从原料的生产环节到流通环节再到消费环节，消费者会担心种植时是否有农药残留，会不会打了激素；当它被加工成食品时担心会不会添加非食品加工用化学添加剂。

……

2.城郊成为都市人放松身心的好去处

城市是现代工业文明的产物，随着城市的发展，却在一定程度上使城市居民离自然越来越远，……人与人之间的隔阂加深。

……

3.美丽中国建设上升到国家战略高度

……

第二节　项目建设必要性分析

一、项目建设是促进现代有机农业发展，引导绿色健康消费的需要

农业是农村经济的主导产业，是中华民族生存和发展的基础，是关系国计民生的一个重要产业，决定着国家的稳定与发展。但我国农业基础仍很薄弱，农业科技发展滞缓，农产品市场发展水平低，农业资源匮乏，农业生产效益低，农业资源利用率不高，并且长期以来一直是粗放经营。（略）

本项目建设集×××于一体的法式生态农业园，打造××生产基地，××将建立观光旅游带和相关服务设施，循环利用现有的自然资源。

二、项目建设是旅游开发与生态环保和谐发展的必然要求

×××生态农业田园以打造高科技智慧农业园为宗旨，低消耗、低污染、低排放、高效益、高品质，生态友好，从而促进旅游开发与生态保护及修复的和谐发展。

三、项目建设是响应政府号召，推动美丽乡村建设的需要（略）

四、项目发展生态旅游，满足城市居民回归田园的心理需求（略）

五、项目建设能够积累相关经验，促进公司自身发展（略）

第三章　项目市场分析

第一节　休闲农业旅游市场分析

一、全球休闲农业旅游市场

1.发展概述

近年来，伴随全球农业的产业化发展，人们发现，现代农业不仅具有生产性功能，还具有改善生态环境质量，为人们提供观光、休闲、度假等功能。随着收入的增加、闲暇时间的增多、生活节奏的加快以及竞争的日益激烈，人们渴望多样化的旅游，尤其希望能在典型的农村环境中放松自己。于是农业与旅游边缘交叉的生态农业观光应运而生。（略）

2.主要类型

休闲农业旅游园是把观光旅游与农业结合在一起的一种旅游活动，它的形式和类型很多。其中规模较大的主要有5种：

（1）旅游农业园

……

3.世界代表型发展模式

（1）英国：旅游环保型

英国是世界上发展农业旅游的先驱国家。一方面，高度发达的城市化为农业旅游提供了庞大的目标市场。作为世界上工业化起步最早的国家，英国的城市人口就占全国人口的××％以上。城市人口因长久远离自然而产生了走进乡村、亲近自然、舒缓心理压力、参与户外活动的共性心理需求。（略）

（2）德国：社会生活功能型

20世纪90年代以来，德国政府在倡导环保的同时，大力发展创意农业。主要形式是休闲农庄和市民农园。（略）

（3）荷兰：高科技创汇型

……

（4）澳大利亚：产业协同型

……

二、中国休闲农业旅游市场

1.市场规模

近年来，随着国民经济的持续发展和人均收入的不断提高，我国休闲农业与乡村旅游行业得到快速发展。近年来，我国休闲农业和乡村旅游蓬勃发展，××年接待游客××亿人次，营业收入××亿元，从业人员××万人，带动××万户农民受益，休闲农业和乡村旅游已经成为业内一支不可轻视的力量。

2.地域模式

……

3.发展趋势

……

第二节　生态农业市场

……

第三节　国内农业田园项目模式分析

……

第四章　项目选址分析

……

4.2　审计报告

审计报告用于向有关部门、公司管理层及社会公众报告公司的财务运行情况，具有鉴证、保护及证明的作用。

4.2.1　审计报告的含义和特点

审计报告是指注册会计师对被审计单位的财务报表检查情况进行总结说明的书面文件。注册会计师一旦在审计报告上签名并盖章，就表明对其出具的审计报告负责。审计报告一般有四个特点，如图4-4所示。

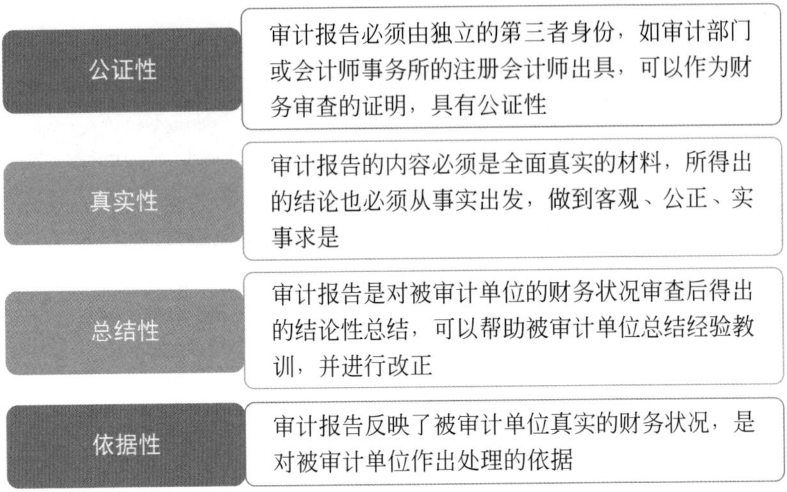

公证性	审计报告必须由独立的第三者身份，如审计部门或会计师事务所的注册会计师出具，可以作为财务审查的证明，具有公证性
真实性	审计报告的内容必须是全面真实的材料，所得出的结论也必须从事实出发，做到客观、公正、实事求是
总结性	审计报告是对被审计单位的财务状况审查后得出的结论性总结，可以帮助被审计单位总结经验教训，并进行改正
依据性	审计报告反映了被审计单位真实的财务状况，是对被审计单位作出处理的依据

图4-4

4.2.2 审计报告的类型

根据审计意见的不同，一般可以将审计报告分为四种类型，如图4-5所示。

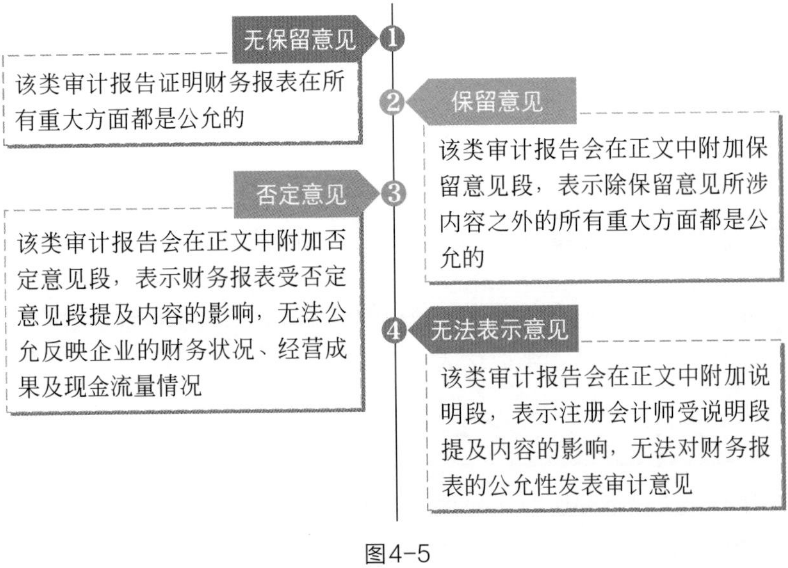

无保留意见 ❶
该类审计报告证明财务报表在所有重大方面都是公允的

保留意见 ❷
该类审计报告会在正文中附加保留意见段，表示除保留意见所涉内容之外的所有重大方面都是公允的

否定意见 ❸
该类审计报告会在正文中附加否定意见段，表示财务报表受否定意见段提及内容的影响，无法公允反映企业的财务状况、经营成果及现金流量情况

无法表示意见 ❹
该类审计报告会在正文中附加说明段，表示注册会计师受说明段提及内容的影响，无法对财务报表的公允性发表审计意见

图4-5

知识链接：

　　无保留意见审计报告中还包括特殊的带强调事项段或带其他事项段的类型。带强调事项段是指审计报告中含有的一个段落，该段落提及已在财务报表中恰当列报或披露的事项，根据注册会计师的职业判断，该事项对财务报表使用者理解财务报表至关重要；带其他事项段是指审计报告中含有的一个段落，该段落提及未在财务报表中列报或披露的事项，根据注册会计师的职业判断，该事项与财务报表使用者理解审计工作、注册会计师的责任或审计报告相关。

4.2.3　审计报告的模板与格式

　　审计报告一般包括标题、收件人、正文、落款等内容，如图4-6所示。

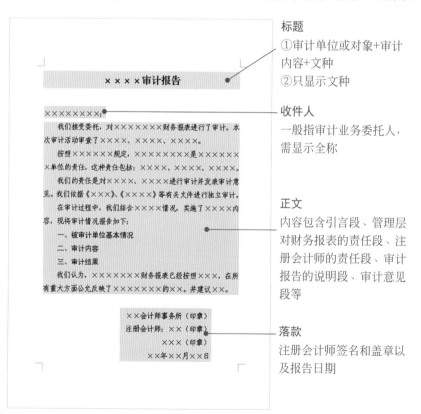

图4-6

知识链接：

引言段内容应说明审计单位的名称和财务报表已经经过审计，并注明审计内容；管理层对财务报表的责任段内容应详细明确管理层对财务报表的责任；注册会计师的责任段内容应明确注册会计师的具体责任；审计报告的说明段内容应包括审计依据、被审计单位的基本情况、审计内容及审计结果；审计意见段内容是对被审计单位的审计结果提出审计意见和建议。此外，为便于财务报表使用者正确理解和使用审计报告，审计报告后应附已审计的财务报表，该操作还可以防止被审计单位替换、更改已审计的财务报表。

4.2.4 审计报告的范文与注意事项

在撰写审计报告时，应注意以下四点：
- 报告内容要从事实出发，客观公正地进行审计；
- 报告内容应客观、全面、清晰，审计建议应具有建设性；
- 报告内容应重点突出，层次鲜明；
- 报告应具备复核环节。

以下为××公司清产核资专项审计报告【范文】：

××公司清产核资专项审计报告

××股份有限公司：

我们接受委托，对××股份有限公司（以下简称贵公司）以××年×月×日为基准日的清产核资的相关资料进行了审查核实，贵公司的责任是建立健全内部控制制度，保护资产的安全和完整，保证会计资料和清产核资资料的真实、合法和完整。我们的责任是在贵公司资产清查的基础上，对贵公司查出的各项资产损失及申报待销净损失的处理预案的真实性、合理性发表意见。在审计过程中，我们本着独立、客观、公正和科学的原则，实施了包括在抽查的基础上检查支持各项资产损失金额和披露的证据以及评价各项资产损失的整体反映等我们认为必要的审计程序，核查了以××年×月×日为基准日的资产、负债和所有者权益。我们相信，我们的审计工作为发表意见提供了合理的基础。

现将清查核实情况及结果报告如下：

一、清产核资工作范围

按照贵公司的决算报表统计口径以及清产核资工作方案的要求，本次清产核资的范围为××公司及所属全部的子公司（含下属事业单位、分支机构、境外子公司等）的全部资产，其中：资产总额××××元，负债总额××××元，所有者权益××××元（含实收资产××××元，资本公积××××元，盈余公积××××元，未分配利润××××元），少数股东权益为××××元，具体单位如下：

……

二、清产核资的依据

（一）法规依据

1.《中国注册会计师独立审计准则》；

2.××年×月×日国资委令第×号《国有企业清产核资办法》；

3.××年×月×日国资评价〔20××〕×号《关于印发国有企业清产核资资金核实工作规定的通知》；

4.《企业会计制度》；

……

（二）行为依据

1.××年×月×日国资评价〔20××〕××号《关于做好执行工作的通知》；

2.××年×月×日国资评价〔20××〕××号《关于印发中央企业清产核资工作方案的通知》；

3.××年×月×日××部门×××号《关于同意××公司×××子公司以账面数作为清产核资工作的结果函》；

4.××公司函〔20××〕××号《关于印发××××的通知》；

5.清产核资中咨询服务、经济鉴证和专项财务审计的业务约定书。

三、清产核资过程及实施情况

1.工作基准日：××年×月×日。

2.工作起止日期：××年×月×日。

3.具体实施情况：

（1）协助贵公司根据国资委、财政部相关文件编制此次清产核资的《工作手册》；

（2）培训参加专项审计工作的相关人员，协助贵公司做清产核资基础工作；

（3）对贵公司企业清产核资基准日的原会计报表进行审计，以保证贵公司清产核资基准日账面数的准确；

（4）核对、询证、查实贵公司债权、债务，监盘贵公司现金和抽查存货；

（5）勘察、抽查贵公司固定资产并验证其产权；

（6）协助贵公司按照企业会计准则、《企业会计制度》和清产核资的要求调整有关账项，计算执行《企业会计制度》所带来的损失；

（7）根据清产核资政策和有关财务会计制度规定，对贵公司清理出的有关资产盘盈、资产损失及资金挂账进行核实、鉴证；

（8）协助贵公司按照国有资产监督管理机构有关资金核实批复文件以及国家财务会计制度有关规定，调整账务；

（9）协助贵公司编制清产核资后的企业会计报表。

四、清产核资专项审计情况

1.申报处理资产损失情况。在此次清产核资过程中，贵公司共计清理出资产损失总额（盈亏相抵后）为××元。其中按原制度清查的资产损失共××笔，金额××元；按《企业会计制度》清查预计的资产损失共××笔，金额××元。

2.经我所审核确认符合清产核资申报条件的资产损失共××笔，金额××元。其中按原制度的资产损失共××笔，金额××元；按《企业会计制度》清查预计的资产损失共××笔，金额××元。

五、清产核资处理意见

1.申报待核销净损失的处理

预案经我们审核确认贵公司清查的资产损失和资金挂账净额为××元，其中××损失挂账净额××元自列损益，其余××元申报核减所有者权益，具体处理方法如下：

（1）核减未分配利润××元；

（2）核减盈余公积－公益金××元；

（3）核减盈余公积－公积金××元；

（4）核减资本公积××元；

（5）核减实收资本××元。

经我们审核确认贵公司按《企业会计制度》确定的预计损失合计××元。拟建议转入企业××年度期初未分配利润××元，并作为各项资产减值的期初数，其中：

（1）应收账款预计损失××元；

（2）短期投资预计损失××元；

（3）存货预计损失××元；

（4）长期股权投资预计损失××元；

（5）固定资产预计损失××元；

（6）在建工程预计损失××元；

（7）无形资产预计损失××元；

（8）长期债权投资预计损失××元；

（9）其他资产预计损失××元。

2.审计意见批复后所有者权益的变化情况

上述申报资产损失如得到批复后，××公司的所有者权益将为××元，其中实收资本××元、资本公积××元、盈余公积××元、未分配利润××元。

我们认为，贵公司的清产核资工作是依据国资委及财政部相关文件执行的，申报的报表及相关资料真实可信，各报表数据间勾稽关系正确，可以作为资产管理部门审批的依据。

六、申报处理资产损失原因分析

1.按原制度清查出的各项资产损失的情况简要分析；

2.盘盈资产类型及形成原因的简要分析。

七、重大事项说明

1.××公司所属子公司根据清产核资政策可以不列入参加清产核资工作

范围，直接以××公司账面数作为××公司清产核资工作结果需要进行特别说明；

2.××公司所属子公司由于特殊原因不能列入参加清产核资工作范围，经国有资产管理部门批准直接以××公司账面数作为××公司清产核资工作结果需要进行特别说明；

3.在清产核资专项财务审计工作中发现的有可能对××公司损失及挂账的认定产生重大影响的事项；

4.在清产核资专项财务审计挂账中发现的××公司重大资产和财务问题以及向××公司提出的有关改进建议；

5.在清产核资工作中对××公司账面价值和实际价值背离较大的主要固定资产和流动资产重新估价；

6.注册会计师认为需要说明的其他重大事项。

八、内部控制的审核情况（略）

九、报告使用范围

以上清产核资审计报告仅供国有资产管理部门审批、××公司主管部门审查清产核资结果和检测清产核资中介机构之用，非法律、行政法规规定，报告的全部或部分内容不得提供给其他任何单位和个人，不得见诸公开媒体。

附件1：损失挂账分项明细表（略）

附件2：损失挂账申报核销项目审核说明（略）

……

××××会计师事务所（印章）

注册会计师：××（印章）

××年×月×日

4.3 财务分析报告

财务分析报告由公司内部财务部门制作，主要用于帮助领导了解和掌握本单位的生产经营情况，以便安排后续的工作。

4.3.1　财务分析报告的含义和特点

财务分析报告是企业依据会计报表、财务分析表及经营活动和财务活动所提供的信息及其内在联系，运用一定的科学分析方法，对企业的生产经营情况及财务状况做出客观、全面、系统的分析和评价，并进行科学预测而形成的书面报告。其一般具有三个特点，如图4-7所示。

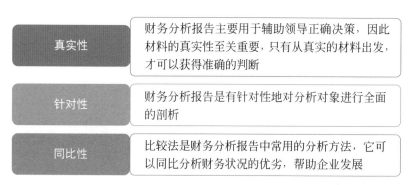

真实性	财务分析报告主要用于辅助领导正确决策，因此材料的真实性至关重要，只有从真实的材料出发，才可以获得准确的判断
针对性	财务分析报告是有针对性地对分析对象进行全面的剖析
同比性	比较法是财务分析报告中常用的分析方法，它可以同比分析财务状况的优劣，帮助企业发展

图4-7

4.3.2　财务分析报告的类型

根据不同的标准可以将财务分析报告分为不同的类型，常用的分类标准有两种，如图4-8所示。

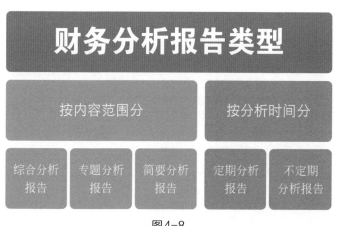

图4-8

其中，综合分析报告是较为全面系统的分析报告，可清晰地显示企业经营活动的成果和财务状况，对使用者的决策具有深远的影响；专题分析报告是针对某一时期企业经营管理中的某些关键问题、重大经济措施或薄弱环节等进行分析，具有针对性；简要分析报告是概要型的报告，对在一定时期内存在的问题进行概要分析。定期分析报告定期向上级领导上报企业经营及财务状况，通常为半年或一年一次；不定期分析报告是针对企业实际情况临时做出的财务报告，时间不限。

4.3.3　财务分析报告的模板与格式

财务分析报告一般由标题、正文及落款等构成，如图4-9所示。

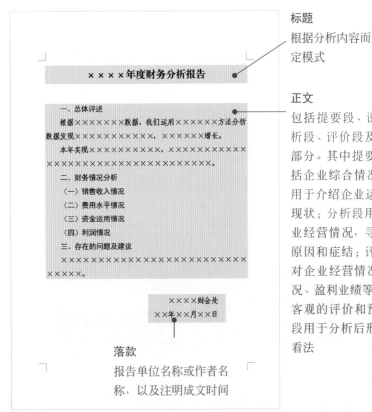

图4-9

4.3.4 财务分析报告的范文与注意事项

撰写财务分析报告时，一般应注意以下三点：

- 建立台账和数据库，以便在编写财务分析报告时有据可查；
- 定期收集报表，并认真审阅，及时发现潜藏的问题；
- 关注企业重要事项和运营情况，及时了解企业发生的各种影响因素。

以下为××银行一季度财务分析报告【范文】：

××银行××支行××年一季度财务分析报告

　　××支行按照××的部署与要求，认真贯彻××行长在年初工作报告中提出的"坚持高标准，确保实现新发展"的工作指导思想，迎难而上，奋力开拓，××年一季度，各项业务稳步增长，各项存款总额××万元，各项贷款总额××万元，存贷比为××%，经营利润××万元，经营状况良好，为完成全年任务打下了较好基础。

　　根据××的通知，现将××支行一季度经营状况汇报如下：

　　一、各项指标完成情况

　　按××年初下达的各项工作计划，××支行制定了××的工资绩效考核制度，各部门狠抓落实，积极开拓，共同努力，完成如下：

　　1.存款目标：一季度末，××支行各项存款总额××万元，较年初增加××万元，完成本年任务××万元的××%，未完成本年度计划。其中对公存款××万元，较年初增加××万元，全年计划增长××万元，未完成季度计划。储蓄存款××万元，较年初增加××万元，完成全年计划增长××万元的××%。

　　2.新增贷款目标：××支行各项贷款总额××万元，较年初净增加××万元，其中存量贷款下降××万元，新增贷款××万元。

　　3.不良清收：一季度实清收不良贷款××万元，完成全年计划××万元的××%，完成季度计划××万元的××%。不良资产率为××%，较年初下降××%，实现计划目标。

4.抵贷资产管理：一季度××支行加强了抵贷资产的处置力度，全年计划处置××万元，季度计划处置××万元，年初即向总部申请处置抵贷资产××笔，金额××万元。共清收××万元，完成全年计划××万元的××%，未完成计划指标。

5.收息目标：一季度实收利息××万元，每季收息按年末存量贷款计算计划为××万元，完成××%。其中存量贷款收息××万元，季度计划××万元，全年计划××万元；不良贷款收息××万元，完成季度计划××万元的××%，完成全年计划××万元的××%；新增贷款收息××万元，完成全年计划××万元的××%。

6.利润目标：一季度我行共实现收入××万元，总计支出××万元，本年度计划实现利润××万元，一季度计划实现××万元，实际完成××万元。其中一季度计提定期存款应付未付利息××万元；应计提拆借总部资金利息××万元未收，应付总部临时借款利息××万元未付，实完成利润××万元。

二、经营状况分析

通过以上数据分析，××支行各项业务发展基本达到了预期的目标，呈现出以下几个特点：

1.存款总额有所增长，其中储蓄存款增幅超过对公存款增幅，且以储蓄存款为主。从我支行各项存款所占的比例来看，发展极不均衡。对公存款中活期存款占存款总额的××%，较年初增加××万元，与去年同比多增××万元；定期存款占存款总额的××%，较年初增加××万元，比例持平，与去年同比多增××万元，定期存款占对公存款的××%，较年初增加××%。活期储蓄占存款总额的××%，较年初增加××万元，下降××%，与去年同比多增××万元；定期储蓄占存款总额的××%，较年初增加××万元，增加××%，与去年同比多增××万元，定期储蓄存款占储蓄存款总额的××%，比例较年初增加××%。

从以上数据我们分析，对公存款增势不好，受存款大户影响，下降幅度较大。对公存款下降主要是我单位存款大户××使用资金造成存款下降，虽然年初以来，我们加大了对企业存款的营销力度，走访了域内的大小企业，宣传××行支持企业的态度，在取得企业的信任的同时也扩大了××行的知名度。同时受本地区经济资源和客户资源的限制，虽然我们做了一些工作，但收效甚微。一季度××支行新增存款账户××户,其中基本账户××户,一般账户××户,但新增存款余额不大,不足以弥补大额存款的下降。

从以上数据我们分析,储蓄存款始终保持良好增势,一是目前××是主因,二是××支行加强对储蓄存款的××也促进了增长。从年初,××支行就制定了本年工作计划,把存款放在首位,并制定了相应的规则,××岗位员工思想负担减少,工作态度转变,工作积极性增高,并通过加强和提高优质文明服务,积极稳定老客户,发展新储源。××岗位员工也通过各自的社会关系,努力挖掘储源。

从以上同比数据我们分析,××存款同比增势绝对值基本持平,一方面反映出我单位××存款总体增势的稳定,另一方面也反映出我们在××上缺少优质客户。与本行其他支行相比,我们××存款增幅较小,排位靠后,一方面受地域和客户群体行为的限制,我们以本地区××为中心进行了一次各金融机构××存款市场份额的调查,全城共有××个储蓄营业机构,储蓄存款总额××亿元,平均每个储蓄机构分摊标准余额为××万元,我们三个储蓄营业机构按平均值计算为××万元,低于标准余额。人口全口径约××万人,按人均分摊占有标准余额为××万元,××支行现共有开户××万户,按平均值计算人均占有××万元,低于标准余额。

2.贷款适度投放,加强信贷管理。一季度末,××支行各项贷款总额××万元,较年初净增加××万元,增幅××%。贷款总额中,个人消费贷款余额为××万元,比年初下降××万元,增幅为×××%。短期保证贷款余额为××亿元,比年初增加××万元,增幅××%。短期抵押质押贷款余额为××万元,比年初增加××万元,增幅××%。中长期贷款余额为××万元,与年初持平。年初以来,结合××对××支行下达的信贷任务,信贷管理部门对我支行现存贷款进行了全面细致的调查,并针对贷款即将到期的及时进行通知,要求借款人按期偿还贷款,确保我支行无新生逾期贷款。

3.资产质量保持良好水平。年初××支行根据现存的不良贷款实际情况,××科便制定了清收工作计划,理清了工作思路,积极对逾期贷款进行清收,明确了工作重点,加强建档建账档案化管理。一季度末,××支行逾期贷款总额××万元,不良资产率为××%,较年初下降××万元,不良率下降××%。不良资产清收同比多收××万元,完成全年任务的××%,不良贷款利息清收××万元，完成全年任务的××%，按五级分类口径××支行认定数为正常类贷款××万元，关注类贷款××万元，次级类贷款××万元，可疑类贷款××万元。不良贷款余额××万元，不良贷款率××%，比年初下降××个百分点。

4.业务收入增势平稳。（略）

5.机构建设进一步加快。（略）

6.公众形象及影响力进一步提升。（略）

7.经营中出现的问题与困难及解决方案。（略）

针对以上问题，本行将着重做好以下几项工作：

（1）提高资产负债管理水平。保持良好、稳定的××净收入水平，积极调整资产负债结构，合理扩张规模及有效调配信贷资源，发展低风险的资产业务，降低资产风险程度。

（2）稳步发展公司业务，加快面向中小企业的产品和服务创新；扩大业务的服务范围，改变观念。

（3）提高风险控制水平，从制度建设、责任追究和惩戒手段上下功夫，加强内控、强化管理，建立和完善操作风险等在内的风险管理体系，有效地识别、监测、控制风险。加大对陈欠不良贷款的清收，加大与法院的工作联系，加强依法强制执行的力度。

（4）加强职工的思想道德教育，加强团队建设，提高员工的敬业意识、服务意识、竞争意识，提高职工的责任感。

××银行××支行财务部（印章）

××年×月×日

4.4 招标书

招标书用于将招标事项和要求进行公告，从而邀请投标人前来投标。它属于招标过程中的一种实用性文书，可以指导招标工作的开展。

4.4.1　招标书的含义和特点

　　招标书又称招标通告、招标启事，是企业按照规定条件发布的公告，邀请投标人投标并在投标人中选择理想合作伙伴的一种书面文件。招标书一般具有两个特点，如图4-10所示。

图4-10

4.4.2　招标书的模板与格式

　　招标书由标题、正文、落款三部分组成，如图4-11所示。

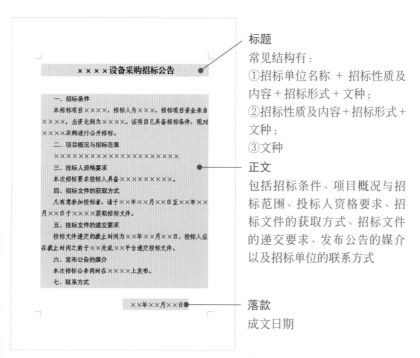

图4-11

招标书只是招标文件的一小部分内容，招标文件还包括投标人须知、投标办法、投标文件格式、工程量清单、设计图纸、技术标准和要求、合同条款、参考资料等内容。

4.4.3 招标书的范文与注意事项

撰写招标书时，应注意以下四点：

● 招标文件是具有法律效力的文件，在编制招标书时，应遵守相应的法律法规；

● 招标书同时是签订合同的依据，在内容和措辞上应尽可能周密严谨；

● 招标书的内容应简洁清晰，说清楚事项、突出重点即可；

● 招标书的编制应遵循公平竞争的原则，只有这样才可以吸引投标人投标。

以下为公开招标书【范文】：

××有限公司××年码头疏浚工程招标公告

一、项目编号：（略）

二、招标方式：公开招标

三、项目概况：

1.项目名称：××年码头疏浚工程。

2.招标内容：本项目为水深维护项目，根据码头各泊位不同吃水需要进行疏浚。疏浚范围为码头前后沿浅点、小船装船码头航道及港池。根据疏浚前后水深图计算每次疏浚工程量。

3.项目实施（或交付）地点：××××有限公司。

4.招标控制价：××××元。

四、投标人资格要求

1.投标人一般要求

（1）具有独立法人资格及履行合同所必需的能力(提供加盖公章的营业执照副本复印件)。

（2）具有良好的商业信誉，在经营活动中没有严重违法失信行为。

2.投标人特定条件

（1）具有以下资质：港口与航道工程施工总承包三级或水利水电工程施工总承包三级及以上企业资质。

（2）具有××年×月×日至今3个及以上港池航道或水利河道疏浚工程业绩。

（3）具有安全生产许可证。

本项目采用资格后审。不满足以上资格条件之一的，资格审查不予通过。

五、其他要求

具有投资参股关系的关联企业,或具有直接管理和被管理关系的母子公司,或同一母公司的子公司,或法定代表人为同一个人的两个及两个以上法人不得同时投标；否则，相关单位的投标无效。

六、招标文件的获取

凡有意参加投标者，请登录电子招投标系统，并在××年×月×日×时×分前报名。

七、投标文件的递交

投标文件递交的截止时间：××年×月×日×时×分。

联系人：××

电话：×××××

手机：×××××××

邮箱：×××××××

××××有限公司（印章）

××年×月×日

4.5　投标书

投标书与招标书相对，是对招标公告提出的要求的响应和承诺，在招标工作中具有法律效力。投标单位可以通过投标书竞争中标。

4.5.1　投标书的含义和特点

投标书是指投标单位按照招标书的条件和要求，向招标单位提交的报价并填具标单的文书。其一般具有三个特点，如图4-12所示。

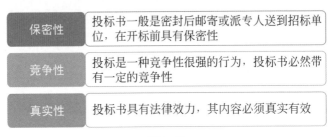

保密性	投标书一般是密封后邮寄或派专人送到招标单位，在开标前具有保密性
竞争性	投标是一种竞争性很强的行为，投标书必然带有一定的竞争性
真实性	投标书具有法律效力，其内容必须真实有效

图4-12

4.5.2　投标书的模板与格式

投标书一般由标题、主送机关、正文及落款等构成，如图4-13所示。

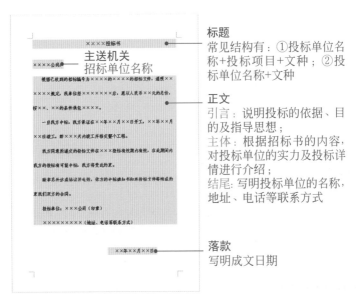

图4-13

注意事项：

投标书的具体格式应遵照招标文件要求。

4.5.3　投标书的范文与注意事项

撰写投标书时，应注意以下四点：

● 投标书应对招标文件的要求做出响应，保证基本符合招标文件的所有条款、条件和规定；

● 投标人需对招标项目提出合理的报价，不能过高，也不能低于成本；

● 投标文件的内容应根据招标文件要求备全，缺少将被排除在中标人之外；

● 投标书应按要求在有效期内递交。

以下为投标书【范文】：

××施工工程投标书

××××有限公司：

感谢贵单位对我司的信任，使我司有机会参与贵单位的投标，我们深感荣幸并表示真诚的谢意。

我公司仔细研究了贵单位工程的招标文件及有关资料，同时对施工现场及周围环境进行了调查了解，经过反复论证、认真分析，愿意承担贵单位所发文件中的各项条款，同时做出了符合该工程工期、质量等各方面的施工安排，组织技术熟练、质量过硬、善打硬仗的施工队伍负责该工程的施工。

如蒙信任，由我公司中标承担该工程的施工，我们将兑现标书中的所有承诺，为贵单位做出我们应有的贡献。

投标单位：××××公司（印章）

法定代表人：××

单位地址：××××××××××

邮政编码：×××××

联系电话：×××××××

传真：××××××

×× 年 × 月 × 日

4.6　减免税申请书

减免税申请书属于申请书的一种，其主要作用是向税务主管部门提出减免税金的申请。

4.6.1　减免税申请书的含义和特点

减免税申请书是指企事业单位或个人因故不能依照法律规定缴纳税金，故而向税务主管部门提交的包括减免税的依据、范围、时间、金额、企业或个人基本情况的书面申请。减免税申请书一般具有两个特点，如图4-14所示。

请求性	申请具有请求的含义，这是申请书的一个根本特点
书信性	申请书属于书信体，一般为个人向组织、下级向上级行文等，撰写时需按照书信格式行文

图4-14

知识链接：

根据申请人的不同，可以将减免税申请书分为公司法人申请和个人申请两种类型。

4.6.2 减免税申请书的模板与格式

减免税申请书一般由标题、主送机关、正文及落款四部分构成，如图4-15所示。

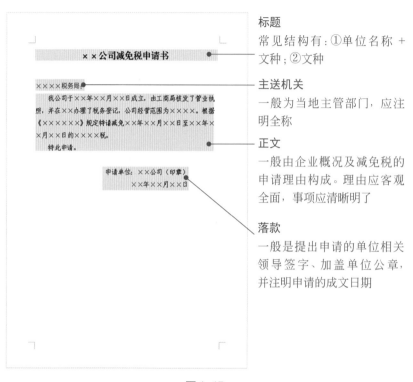

标题
常见结构有：①单位名称 + 文种；②文种

主送机关
一般为当地主管部门，应注明全称

正文
一般由企业概况及减免税的申请理由构成。理由应客观全面，事项应清晰明了

落款
一般是提出申请的单位相关领导签字、加盖单位公章，并注明申请的成文日期

图4-15

4.6.3 减免税申请书的范文与注意事项

在撰写减免税申请书时，应注意以下三点：

- 申请时应写明事项，确保涉及的数据准确无误；
- 减免税的理由要充分、合理、实事求是；
- 具体减税情况要详细明了，语言应准确简洁。

以下为减免税申请书【范文】：

减免税申请书

××市税务局：

我公司于××年×月×日成立，注册资本为××万元人民币，公司注册地为××××××，实际经营地址为××××××。

根据《中华人民共和国增值税暂行条例》第××条规定，农业生产者销售的自产农产品属于免征增值税范围，我公司从事的种植和养殖在《农业产品征税范围注释》中属于注释所列的农业产品，特提出能够给予减免增值税。

特此申请。

××××有限公司（印章）

××年×月×日

第5章

规章类
文书写作

5.1 制度

制度一般指有关单位和部门制定的要求所属人员共同遵守的准则，是所属人员行动的准则和依据，对单位和部门秩序的维护起着重要的作用。

5.1.1 制度的含义和特点

制度从基本解释上来看具有规章或准则的含义，是在一个社会组织或团体中要求其成员共同遵守并按一定程序办事的规程。制度一般具有三个特点，如图5-1所示。

合法性	制度的制定不得违反法律法规的规定
指导性	制度是要求成员共同遵守的办事规程或行动准则，对成员的行动具有指导性
规范性	制度可以帮助实现工作程序的规范化、管理方法的科学化，具有规范性

图5-1

5.1.2 制度的类型

根据内容和性质的不同，可以将制度分为两种类型，如图5-2所示。

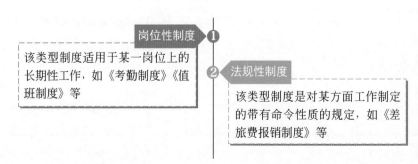

岗位性制度 ❶
该类型制度适用于某一岗位上的长期性工作，如《考勤制度》《值班制度》等

❷ 法规性制度
该类型制度是对某方面工作制定的带有命令性质的规定，如《差旅费报销制度》等

图5-2

5.1.3 制度的模板与格式

制度一般由标题、正文及落款三部分构成，如图5-3所示。

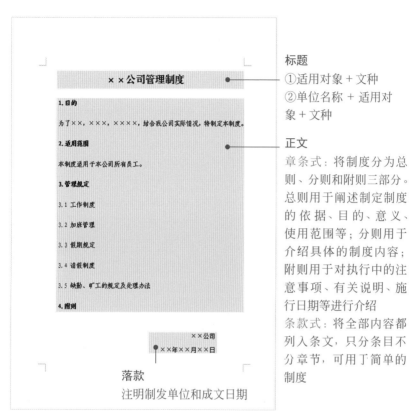

标题
①适用对象＋文种
②单位名称＋适用对象＋文种

正文
章条式：将制度分为总则、分则和附则三部分。总则用于阐述制定制度的依据、目的、意义、使用范围等；分则用于介绍具体的制度内容；附则用于对执行中的注意事项、有关说明、施行日期等进行介绍
条款式：将全部内容都列入条文，只分条目不分章节，可用于简单的制度

图5-3

5.1.4 制度的范文与注意事项

编制制度时应注意以下三点：

● 制度的制定必须以有关政策、法律、法令为依据，不得违反相应的法律法规；

● 制度条文语言应周密严谨，不得含糊不清；

● 制度应按照一定的结构编排，用词应简洁明了。

以下为制度【范文】：

××市交通局采购管理制度

一、总则

第一条 为加强单位政府采购业务内部控制，提高采购效率，降低行政成本，促进廉政建设，根据《××省财政厅关于建立预算单位政府采购内部控制制度的通知》（×财购〔20××〕26号）和《××市财政局关于建立预算单位政府采购内部控制制度的通知》（×财发〔20××〕1号）要求，结合本单位实际，制定本制度。

第二条 本制度所称采购是指以合同等方式有偿取得货物、工程和服务的行为，包括购买、租赁、委托、雇用等。

（一）本制度所称货物，是指各种形态和种类的物品，包括原材料、燃料、设备、产品等。

（二）本制度所称工程，是指建设工程，包括建筑物和构筑物的新建、改建、扩建、装修、拆除、修缮等。

（三）本制度所称服务，是指除货物和工程以外的其他政府采购对象，包括政府自身需要的服务和政府向社会公众提供的公共服务。

第三条 基本原则：预算管理，强化预算执行；量入为出，保障重点工作；公正廉洁，杜绝奢侈浪费；归口管理，提高资金效益；厉行节约，制定科学合理的采购需求。

二、管理机构及其职能分工

第四条 成立××市××局采购工作领导小组，主要职责是对本单位采购预算编制、执行及评价实行归口管理。领导小组组长由局长担任，副组长为分管财务的副局长，成员由机关纪委、办公室、财务科和承办科室等相关工作人员组成（人数为3人以上单数），其主要职责是：

（一）根据国家、省、市有关政府采购的管理规定，拟定本局采购政策，自行采购目录、标准等规范性文件，规范采购程序；

（二）编制采购预算，初步审核采购需求、采购方式、组织形式以及采购代理机构委托意见；

（三）审定本局采购相关事项，负责组建采购评标、验收小组，组织评审、验收工作并拟定综合评审、验收意见；

（四）负责采购文档归档、预审备案等报备工作；

（五）负责电子卖场采购的组织实施；

（六）加强专业能力建设，各采购相关人员要加强采购专业知识学习，积极参加采购方面的会议和培训，持续加强采购队伍专业能力建设；

（七）本局采购领导小组和上级主管部门交办的其他采购工作。

第五条　加强绩效管理，将采购制度落实情况纳入日常绩效考核，实行违法违规现象在评先评优中的一票否决制。

三、采购分类、方式、限额标准及组织形式

第六条　依据《中华人民共和国政府采购法实施条例》和《××省政府采购电子卖场管理办法》等法规制度，本制度中的采购可分为政府采购和自行采购两类。

（一）政府采购，是指本局使用财政性资金采购政府集中采购目录内或政府采购限额标准以上货物、工程和服务的行为。区分为集中采购和分散采购。

1.集中采购，是指本局将列入集中采购目录的项目委托集中采购机构代理采购或者进行部门集中采购的行为。

2.分散采购，是指本局将政府采购限额标准以上的未列入集中采购目录的项目自行采购或者委托采购代理机构代理采购的行为。

（二）自行采购，是指未列入集中采购目录的项目和政府采购限额标准以下的货物、服务和工程由局机关自行采购的行为。依据《××省政府采购电子卖场管理办法》相关规定，自行采购与政府采购限额标准以下的货物、服务和工程，可相应采取直购、竞价和团购等方式通过电子卖场进行采购。

第七条　依据《××省政府采购非公开招标采购方式审批管理办法》，本局政府采购方式分为公开招标采购和非公开招标采购（含电子卖场采购）。

1.公开招标采购，是指依法以招标公告的方式邀请非特定供应商参加投标的采购方式。达到公开招标数额标准的，应当采用公开招标方式采购。

2.非公开招标采购，是指公开招标以外的采购方式，包括邀请招标、竞争

性谈判、竞争性磋商、单一来源采购、询价、电子卖场采购以及财政部门认定的其他采购方式。符合非公开招标采购方式情形的，应当在采购活动前向市财政局申请审批。

第八条　限额标准及组织形式。根据《××市××年—××年政府集中采购目录及政府采购限额标准的通知》（×财发〔20××〕9号）规定，市本级政府采购限额标准：货物项目采购预算金额××万元以上，服务项目采购预算金额××万元以上，工程项目采购预算金额××万元以上，应委托××市公共资源交易中心或财政部门代理机构名录中的代理机构组织。

四、采购预算编制和执行

第九条　采购实施工作必须严格遵循"先预算、后计划、再采购"的工作原则，坚持预算控制计划，计划控制采购，采购控制支付。

第十条　采购预算编制。

（一）预算编制依法依规开展，要本着节约成本为出发点，必须建立在对市场充分了解的基础上进行一般支出预算。财务科和办公室将采购需求预算纳入年度部门预算编制范围，与年度部门预算编制工作同步进行。采购需求科室根据本年实际工作需求，制定出科学合理、合规、完整的项目采购需求（包括确定的采购标的数量、质量、技术、服务、安全、期限、特征描述等要求）。

（二）部门采购需求经部门负责人和分管局领导审阅同意，经财务科汇总，提交局党组会研究审定向市财政报采购项目预算。

（三）需要立项的工程类等采购项目，应当按照相关规定办理项目立项审批手续。

（四）纳入财政投资评审范围的项目，按规定编制预算后送市财评中心评审，以评审金额作为政府采购项目预算控制数。

第十一条　采购预算执行与调整。

（一）采购预算一经财政批复预算后必须严格执行，原则上不予调整。在预算执行过程中，如需新增采购项目的，按本局预算管理制度规定履行审批程序。

（二）科室、中心不得办理无预算、超预算的采购。

第十二条　各采购申报部门应按财务规定，科学合理制定采购计划，严格按计划进度执行采购预算，原则上年初采购预算，应当在决算年度内组织实施。

五、采购的实施流程

第十三条　专项资金实行预算管理。办公用房的建设和维修、公务用车的配备更新和运行、公共机构节能、后勤服务等项目资金和平台建设维护等各专项工作经费实行预算管理。由各科室、中心根据业务工作开展的需要申报预算，经财务科初审汇总后按程序报领导审批。

（一）预算内单笔在××元（不含）以下的支出，由承办科室填写《××市××局经费支出审批单》，分管科室负责人签字、财务科审核，报分管业务领导、分管财务领导审批签字后开支。

（二）预算内单笔支出在××～××元（不含）的开支，除履行本条第（一）款审批程序外，还需经局长审批签字后开支。

（三）预算内单笔支出在××元（含）以上的开支，除履行本条第前二款审批程序外，需报局党组集体研究审定，财务科按党组决定办理。

特殊情况确需追加预算或超出原预算额度的，须提出书面申请，报分管领导审签后，按报账签批权限审批。

第十四条　根据市财政局批准的采购计划和采购方式，归本局自行采购范围的政府采购限额标准以下、集中采购目录以外的货物、服务和工程，走完本局采购审批流程后，由各承办科室在电子卖场实施采购。电子卖场采购程序如下：

（一）采购人根据科室提出的采购需求，结合采购物资技术性能及金额大小确定是直购、竞价、团购，生成预购单。

1.电子卖场直购流程：物资采购经办人根据物资领用审批单或审批文件在电子卖场下单生成订单→供应商接单并打印订单和电子卖场供应合同→邮寄或送达合同给采购单位签订合同→供应商打印货物清单并发货→采购单位收货，填写验收单，签字盖章（数量、型号、质量等）→验收合格后，供应商打印发票邮寄或送达→采购单位按合同支付货款完成结算。

2.电子卖场竞价采购流程：由采购经办人创建竞价单→竞价信息发布（竞价时间最少为××天）→供应商响应报价（至少××家供应商竞价）→由归口

采购部门经办人对竞价结果审核并确认→竞价结果公示（公示××天）→竞价完成→生成订单后按直购流程采购。

3.电子卖场团购采购流程：由采购经办人发起或参与团购（不少于××家）→供应商参与报价→系统按最低报价自动确定成交供应商并公示成交结果→生成订单后按直购流程采购。

（二）通过电子卖场采购的，收货、接受服务或工程完工后，应在××个工作日内，按照采购单或合同规定的技术、服务等要求，对供应商履约情况进行验收。并应根据电子卖场的提示填写相应的验收单，验收单需加盖部门公章。如发现质量问题应及时进行索赔或退换。

（三）电子卖场采购项目验收合格后，需入库的应及时办理入库手续。

（四）采购项目审批表、采购验收单、合同、发票、固定资产验收单或低值耐用品验收单等应作为电子卖场采购资金支付的依据。实施竞价采购的，电子卖场采购竞价记录表等材料也须一并作为资金支付依据。

第十五条　采购合同签订流程。

（一）政府采购项目合同签订流程：采购部门或代理机构起草合同→合同联审会签小组审核合同内容是否与招标要求一致→局领导签订（或授权委托签订）合同。

（二）非政府采购合同签订流程：采购部门或代理机构起草合同→询价小组审核合同内容是否与邀标要求一致→局领导签订（或授权委托签订）合同。

（三）电子卖场采购合同签订流程：电子卖场自动生成采购合同→局领导签订（或授权委托签订）合同。

第十六条　政府采购合同履行完后，采购人以及参加本项标的投标人或者第三方机构一同按合同要求进行验收，并出具签章验收书，参与验收的投标人或者第三方机构意见，作为验收书资料一并存档，还必须有局党组成员的验收意见和局党组会会议纪要作为佐证材料。

第十七条　采购验收完成后，及时办理财务报账。

（一）采购过程中聘请相关专家的劳务费参照《××省政府采购项目评审劳务报酬管理办法》执行。

（二）根据合同约定如扣留有质保金的，质保金的扣留时间严格按合同规定执行。支付质保金时，需由采购部门向财务科提出付款申请，并提交质保期满项目运行状态合格意见。

六、采购公开

第十八条　根据市财政局要求，在采购限额标准以上依法实行政府采购的货物、工程、服务项目均应当公开采购意向，可选择公开渠道为"中国××政府采购网"或是本单位门户网站。采购意向公开内容应当尽可能清晰完整，具体应包括五个方面的内容，分别是采购项目名称、采购需求概况、预算金额、预计采购时间和其他需要说明的情况，格式按照××财发〔20××〕××号文件的附件执行。

第十九条　采购信息发布时间。

（一）竞争性谈判（竞争性磋商、询价）公告的期限为××个工作日；

（二）招标公告、资格预审公告的期限为××个工作日；

（三）单一来源公示的期限不得少于××个工作日；

（四）中标（成交）公告应当在确定中标（成交）供应商后××个工作日内发布，公告期限为××个工作日。

七、完善机制

第二十条　强化监督。完善和健全采购监督机制，强化纪检监督和财务监督，提高本单位采购工作的透明度。任何科室和个人不得未经批准擅自采购。禁止通过分拆、分段、分项等办法，化整为零规避招标。采购工作人员、使用和管理科室的工作人员、评标专家小组成员与投标人有利害关系的，应当主动回避。参与本单位采购活动的科室和个人，必须坚持公开、公平、公正的原则，按章办事。不得虚假采购，不得与投标人或代理机构恶意串通，不得接受贿赂或获取其他不正当利益。不得在监督检查中提供虚假情况，不得有违反政府采购管理办法的其他行为。

第二十一条　采购档案管理。采购资料由采购需求科室整理，于第二年单位档案整理时移交单位档案管理人员，保存期限自采购活动结束之日起××年。采购档案包括采购决策意见、招标文件、投标文件、评审资料、采购合同、验收文档等资料（包括音视频资料）。

八、其他事项

第二十二条 其他未尽事项，按照市××局财务管理工作制度执行落实。本制度自发布之日起实施。

××市交通局

××年×月×日

5.2 章程

章程是一种根本性的规章制度，一般由党政机关或社会团体等制发，对所属人员具有准则性和约束性的作用。

5.2.1 章程的含义和特点

章程是党政机关或社会团体等用以说明该组织的宗旨、性质、组织原则、机构设置、职责范围等的纲领性文件。章程一般具有两个特点，如图5-4所示。

稳定性	章程作为组织的基本纲领和行动准则，应保持相对稳定，不宜轻易变动，若确需变动或修订，必须经组织全体成员或其代表审议通过
约束性	章程作用于组织内部，对组织成员及下属组织具有一定的规范作用和约束力

图5-4

5.2.2 章程的类型

根据内容和性质的不同，一般可以将章程分为两种类型，如图5-5所示。

业务工作章程 ❶

该类型章程一般由有关企事业单位制定，用于阐明其业务性质、运作方式、基本要求、行为规范等

❷ 组织章程

该类型章程一般由各类社会组织制定，用于明确规定本组织的性质、宗旨、任务、机构、人员构成、内部关系、职责范围、权利义务、活动规则、纪律措施等

图5-5

5.2.3　章程的模板与格式

章程一般由标题、章程通过时间和正文构成，如图5-6所示。

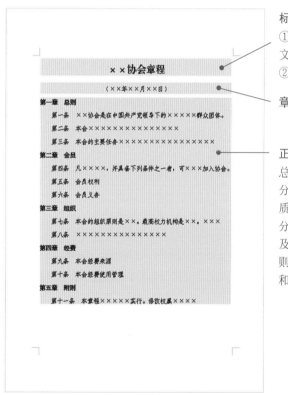

标题
①组织或社团名称＋文种
②直接使用文种

章程通过时间

正义
总则、分则和附则三部分。总则说明组织的性质、宗旨、任务和作风等；分则规定了成员、组织及经费的相关事项；附则说明制定权、修改权和解释权等

图5-6

5.2.4　章程的范文与注意事项

编制章程时，一般应注意以下四点：

- 章程内容应完备全面；
- 章程结构应采用总分结构，逻辑严密，结构严谨；
- 章程条款应清晰明了，无疑义；
- 章程用语应简洁精炼，没有歧义。

以下为章程【范文】：

××学院学位评定委员会章程

（202×年×月×日）

第一章　总则

第一条　为认真贯彻《中华人民共和国学位条例》《中华人民共和国学位条例暂行实施办法》，统筹协调我校学位管理工作，确保学位授予质量，特制定本章程。

第二章　组织机构

第二条　××学院学位评定委员会是领导全校学位授予工作的专门机构，全面负责校学位评定工作。

第三条　学位评定委员会设主席××名，副主席××名，委员××名左右，秘书××名，任期××年。学位评定委员会主席由校长担任，委员由校长提名；秘书由教务处处长和研究生处处长担任，分别负责学士学位和硕士学位授予的日常相关工作。学位评定委员会组成人员名单经校长办公会审议通过，报××省学位委员会批准备案。

第四条　学位评定委员会的委员，应从校教学、科研骨干和校、院（部）主要领导中遴选，成员应具有高级以上职称（即具备教授、副教授或相当专业技术职务）。

在委员的遴选过程中，应首先考虑在相应学科领域科研突出、教学水平较高、办事公正、作风正派的骨干教师和专家，同时选拔优秀的年轻成员。委员会成员的学术专长覆盖面要广，尽量涵盖校各类专业。

第五条　学位评定委员会应按时换届，其调整由学位评定委员会在广泛征求意见的基础上提出建议名单，经校长办公会审议通过后上报××省学位委员会。新选举的委员会应保留不低于1/3的上届成员，以保证工作的连续性。

第六条　凡出国×年以上及无力承担学位评定委员会职责的成员应及时进行调整，调整的申报程序按产生委员会成员的正常程序进行。为保证学位评定委员会工作的连续性，每次委员调整人数不得超过委员总人数的1/3。

第七条　学位评定委员会根据学校实际情况，在二级学院设立学位评定分委员会。

学士学位评定分委员会由××人组成，设主席×人，由校学位评定委员会成员担任；设副主席×人，由二级学院分管本科教育的教学院长担任；其他成员从二级学院教学管理干部和正、副教授或博士中遴选。

硕士学位评定分委员会由××人组成，设主席×人，由校学位评定委员会成员担任；设副主席×人，由二级学院分管研究生教育的院长等担任；其他成员从二级学院教学、科研管理干部和正、副教授中遴选；设秘书×人，由委员兼任。

评定分委员会成员名单，须经××学院学位评定委员会审查通过，成员任期与校学位评定委员会相同。

第三章　工作职责

第八条　××学院学位评定委员会的职责：

（一）认真贯彻执行《中华人民共和国学位条例》《中华人民共和国学位条例暂行实施办法》及××省学位委员会颁布的政策，结合学校实际，制定和修订学士学位和硕士学位授予实施细则；

（二）根据学校发展规划及办学需要，统筹规划全校学位工作；

（三）最终审查并确认通过授予学位者名单；

（四）审议并做出撤销违反规定而授予学位的决定；

（五）研究、审议与我校学位授予和学生培养工作有关的重大问题；

（六）研究和处理学位授予工作中有争议的事项；

（七）组织学位授予质量的检查和评估工作；

（八）对学校学科建设、课程建设等提出建议；

（九）布置学位评定分委员会的工作，听取学位评定分委员会对学位授予工作的汇报；

（十）完成上级主管部门交办的有关学位评定工作的其他事项。

第九条 各学位评定分委员会职责：

（一）审查本学科相关专业培养方案和学位课程设置；

（二）贯彻执行××学院授予学位的基本条件和要求，严格审核所属专业申请学士、硕士学位者的资格，确定拟授予学士、硕士学位者名单，向校学位评定委员会上报有关材料；

（三）审查所属专业学士、硕士学位授予权的申请；

（四）研究和处理所属专业其他和学士、硕士学位有关事项。

第十条 学位评定委员会及其评定分委员会在工作中应遵循以下工作原则：

（一）认真负责，实事求是；

（二）坚持学位授予标准，保证学位授予质量，维护学位授予工作的严肃性；

（三）发扬民主，实行民主集中制。学位评定委员会的会议必须有2/3的委员出席，方为有效。学位评定委员会举行会议期间，委员除因病等特殊原因请假外，应当出席会议。不能出席会议的委员，可递交书面意见，委托其他委员代为表决。

会议决议应在充分讨论和民主协商的基础上，采取举手或无记名投票表决的方式形成，且决议以学位评定委员会全体委员的2/3以上（含2/3）同意方为通过。

学位评定委员会根据审议事项，必要时可邀请有关人员列席会议，列席会议人员没有表决权。

第十一条 ××学院学位评定委员会秘书的工作职责：

（一）处理学士、硕士学位评定委员会日常工作；

（二）在需要的情况下，审核学士、硕士学位课程考试科目、门数及教学大纲；

（三）审核学士、硕士拟授予学位者名单；

（四）汇总并审核各学位评定分委员会上报的学位材料，组织、办理学校学位评定委员会会议和会务；

（五）对于学位评定委员会会议中需进一步研究讨论的事项，学位评定委员会可授权秘书会后处理，秘书必须将处理结果通报学位评定委员会全体委员；

（六）整理学士、硕士学位工作档案，上报有关学位材料，组织发放学位证书；

（七）办理学位评定委员会授权的其他有关事宜。

第四章　附则

第十二条　本章程经校长办公会批准后颁布实施。

第十三条　本章程解释权及修改权属××学院学位评定委员会。

5.3　条例

条例一般是对特定社会关系作出的规定，适用于中央组织制定规范党组织的工作、活动和党员行为的规章制度；也可以由国务院和省级权力机关颁发，用于发布行政法规或地方性法规。

5.3.1　条例的含义和特点

条例是国家权力机关或行政机关按照政策和法令制定并发布的法规性公文。一般具有三个特点，如图5-7所示。

- **独特性**：条例的制发者必须是国家权力机关或行政机关以及受这些机关委派的组织，在制发上具有独特性及权威性
- **强制性**：条例是法的表现形式之一，一经颁布实施，其所涉及的对象就必须依条款办事，否则将要承担相应的法律后果
- **稳定性**：条例一经颁布实施，在较长的时间内都会保持稳定

图5-7

5.3.2 条例的模板与格式

条例一般由标题、签发机关和通过日期、正文组成，如图5-8所示。

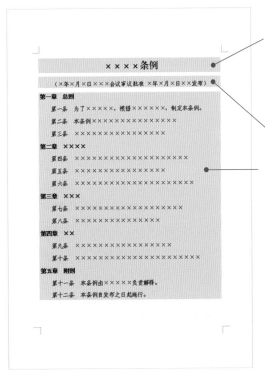

××××条例
（×年×月×日×××会议审议批准 ×年×月×日××发布）
第一章 总则
第一条 为了×××××，根据××××××，制定本条例。
第二条 本条例××××××××××××××
第三条 ××××××××××××××××
第二章 ××××
第四条 ××××××××××××××××××××
第五条 ××××××××××××××××
第六条 ××××××××××××××××××××××
第三章 ×××
第七条 ××××××××××××××××××××
第八条 ×××××××××××××××
第四章 ××
第九条 ×××××××××××××××××
第十条 ××××××××××××××××××××××××
第五章 附则
第十一条 本条例由×××××负责解释。
第十二条 本条例自发布之日起施行。
标题
①制法单位＋试行范围＋文种
②试行范围＋文种
部分条例随“命令（令）”文种发布
用括号注明条例通过和签发日期及机关名称
正文
采用总分式结构，由总则、分则及附则三部分构成。总则写明制定和发布条例的法律、政策依据，交代制定本条例的原因、目的等；分则为主体内容，是条例具体内容；附则为实施条例的具体要求和注意事项

图5-8

5.3.3　条例的范文与注意事项

编制条例时一般应注意以下三点：

- 条例应遵守相关的法律法规；
- 条例内容应具体明确，用词准确，不得含糊不清或有歧义；
- 条例条款应细致精当，层次鲜明。

以下为条例【范文】（摘录部分内容）：

粮食流通管理条例

（××年×月×日中华人民共和国国务院令第407号公布　根据2013年7月18日《国务院关于废止和修改部分行政法规的决定》第一次修订　根据2016年2月6日《国务院关于修改部分行政法规的决定》第二次修订　2021年2月15日中华人民共和国国务院令第740号第三次修订）

第一章　总则

第一条　为了保护粮食生产者的积极性，促进粮食生产，维护经营者、消费者的合法权益，保障国家粮食安全，维护粮食流通秩序，根据有关法律，制定本条例。

第二条　在中华人民共和国境内从事粮食的收购、销售、储存、运输、加工、进出口等经营活动（以下统称粮食经营活动），应当遵守本条例。

前款所称粮食，是指小麦、稻谷、玉米、杂粮及其成品粮。

第三条　国家鼓励多种所有制市场主体从事粮食经营活动，促进公平竞争。依法从事的粮食经营活动受国家法律保护。严禁以非法手段阻碍粮食自由流通。

国有粮食企业应当转变经营机制，提高市场竞争能力，在粮食流通中发挥主渠道作用，带头执行国家粮食政策。

第四条　粮食价格主要由市场供求形成。

国家加强粮食流通管理，增强对粮食市场的调控能力。

第五条　粮食经营活动应当遵循自愿、公平、诚信的原则，不得损害粮食生产者、消费者的合法权益，不得损害国家利益和社会公共利益，并采取有效措施，防止和减少粮食损失浪费。

第六条　国务院发展改革部门及国家粮食和储备行政管理部门负责全国粮食的总量平衡、宏观调控和重要粮食品种的结构调整以及粮食流通的中长期规划。国家粮食和储备行政管理部门负责粮食流通的行政管理、行业指导，监督有关粮食流通的法律、法规、政策及各项规章制度的执行。

国务院市场监督管理、卫生健康等部门在各自的职责范围内负责与粮食流通有关的工作。

第七条　省、自治区、直辖市应当落实粮食安全党政同责，完善粮食安全省长责任制，承担保障本行政区域粮食安全的主体责任，在国家宏观调控下，负责本行政区域粮食的总量平衡和地方储备粮等的管理。

县级以上地方人民政府粮食和储备行政管理部门负责本行政区域粮食流通的行政管理、行业指导；县级以上地方人民政府市场监督管理、卫生健康等部门在各自的职责范围内负责与粮食流通有关的工作。

第二章　粮食经营

第八条　粮食经营者，是指从事粮食收购、销售、储存、运输、加工、进出口等经营活动的自然人、法人和非法人组织。

第九条　从事粮食收购的经营者（以下简称粮食收购者），应当具备与其收购粮食品种、数量相适应的能力。

从事粮食收购的企业（以下简称粮食收购企业），应当向收购地的县级人民政府粮食和储备行政管理部门备案企业名称、地址、负责人以及仓储设施等信息，备案内容发生变化的，应当及时变更备案。

县级以上地方人民政府粮食和储备行政管理部门应当加强粮食收购管理和服务，规范粮食收购活动。具体管理办法由省、自治区、直辖市人民政府制定。

第十条　粮食收购者收购粮食，应当告知售粮者或者在收购场所公示粮食的品种、质量标准和收购价格。

第十一条　粮食收购者收购粮食，应当执行国家粮食质量标准，按质论价，不得损害农民和其他粮食生产者的利益；应当及时向售粮者支付售粮款，不得拖欠；不得接受任何组织或者个人的委托代扣、代缴任何税、费和其他款项。

粮食收购者收购粮食，应当按照国家有关规定进行质量安全检验，确保粮食质量安全。对不符合食品安全标准的粮食，应当作为非食用用途单独储存。

第十二条　粮食收购企业应当向收购地的县级人民政府粮食和储备行政管理部门定期报告粮食收购数量等有关情况。

跨省收购粮食，应当向收购地和粮食收购企业所在地的县级人民政府粮食和储备行政管理部门定期报告粮食收购数量等有关情况。

第十三条　粮食收购者、从事粮食储存的企业（以下简称粮食储存企业）使用的仓储设施，应当符合粮食储存有关标准和技术规范以及安全生产法律、法规的要求，具有与储存品种、规模、周期等相适应的仓储条件，减少粮食储存损耗。

粮食不得与可能对粮食产生污染的有毒有害物质混存，储存粮食不得使用国家禁止使用的化学药剂或者超量使用化学药剂。

第十四条　运输粮食应当严格执行国家粮食运输的技术规范，减少粮食运输损耗。不得使用被污染的运输工具或者包装材料运输粮食，不得与有毒有害物质混装运输。

第十五条　从事粮食的食品生产，应当符合食品安全法律、法规和标准规定的条件和要求，对其生产食品的安全负责。

国家鼓励粮食经营者提高成品粮出品率和副产物综合利用率。

第十六条　销售粮食应当严格执行国家粮食质量等有关标准，不得短斤少两、掺杂使假、以次充好，不得囤积居奇、垄断或者操纵粮食价格、欺行霸市。

第十七条　粮食储存期间，应当定期进行粮食品质检验，粮食品质达到轻度不宜存时应当及时出库。

建立粮食销售出库质量安全检验制度。正常储存年限内的粮食，在出库前应当由粮食储存企业自行或者委托粮食质量安全检验机构进行质量安全检验；超过正常储存年限的粮食，储存期间使用储粮药剂未满安全间隔期的粮食，以及色泽、气味异常的粮食，在出库前应当由粮食质量安全检验机构进行质量安全检验。未经质量安全检验的粮食不得销售出库。

第十八条　粮食收购者、粮食储存企业不得将下列粮食作为食用用途销售出库：

（一）真菌毒素、农药残留、重金属等污染物质以及其他危害人体健康的物质含量超过食品安全标准限量的；

（二）霉变或者色泽、气味异常的；

（三）储存期间使用储粮药剂未满安全间隔期的；

（四）被包装材料、容器、运输工具等污染的；

（五）其他法律、法规或者国家有关规定明确不得作为食用途销售的。

第十九条　从事粮食收购、加工、销售的规模以上经营者，应当按照所在地省、自治区、直辖市人民政府的规定，执行特定情况下的粮食库存量。

第二十条　粮食经营者从事政策性粮食经营活动，应当严格遵守国家有关规定，不得有下列行为：

（一）虚报粮食收储数量；

（二）通过以陈顶新、以次充好、低收高转、虚假购销、虚假轮换、违规倒卖等方式，套取粮食价差和财政补贴，骗取信贷资金；

（三）挤占、挪用、克扣财政补贴、信贷资金；

（四）以政策性粮食为债务作担保或者清偿债务；

······

第三章　宏观调控

······

第四章　监督检查

······

第五章　法律责任

······

第六章　附则

第五十四条　本条例下列用语的含义是：

粮食收购，是指向种粮农民、其他粮食生产者或者粮食经纪人、农民专业合作社等批量购买粮食的活动。

粮食加工，是指通过处理将原粮转化成半成品粮、成品粮以及其他食用或者非食用产品的活动。

政策性粮食，是指政府指定或者委托粮食经营者购买、储存、加工、销售，并给予财政、金融等方面政策性支持的粮食，包括但不限于政府储备粮。

粮食经纪人，是指以个人或者家庭为经营主体，直接向种粮农民、其他粮食生产者、农民专业合作社批量购买粮食的经营者。

技术规范，是指尚未制定国家标准、行业标准，国家粮食和储备行政管理部门根据监督管理工作需要制定的补充技术要求。

第五十五条　大豆、油料和食用植物油的收购、销售、储存、运输、加工、进出口等经营活动，适用本条例除第九条第二款以外的规定。

粮食进出口的管理，依照有关法律、法规的规定执行。

第五十六条　本条例自2021年4月15日起施行。

5.4　办法

办法是国家行政主管部门对贯彻执行某一法令、条例或进行某项工作的方法、步骤、措施等，提出具体规定的法规性公文，属于应用写作的一种。

5.4.1　办法的含义和特点

从字面上看，办法具有处理事情或解决问题的方法的含义，它是有关机关或部门根据党和国家的方针、政策及有关法规、规定，就某一方面的工作或问题提出具体做法和要求的文件。办法一般具有两个特点，如图5-9所示。

实操性	办法是对某一方面的工作或问题提出具体做法的文件，侧重于措施和做法，具有实操性
约束性	办法的约束性侧重于行政约束力

图5-9

5.4.2　办法的类型

根据内容和性质的不同，一般可以将办法分为两种类型，如图5-10所示。

实施文件办法 ①

该类型办法是对原件的一种具象化，一般是对原件的实施提出具体的措施办法，或对条文提出施行意见

② 工作管理办法

该类型办法是机关单位在各自的管理权限范围内，针对尚无条文可依的实际管理工作制定

图5-10

5.4.3　办法的模板与格式

办法一般由首部和正文两部分组成，如图5-11所示。

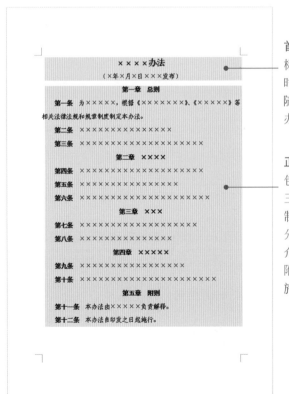

首部
标题 + 制发时间（会议时间）及发布机关
随"命令（令）"发布的办法可不注明制发时间

正文
包括总则、分则及附则三部分。总则会对办法制定的依据等进行介绍；分则是办法的主体部分，介绍了办法的具体内容；附则对实施的日期及实施的说明进行介绍

图5-11

5.4.4　办法的范文与注意事项

编制办法时，应注意以下两点：

● 办法条款应具体明确，对各方面要求作出具体的规定，不得含糊其词；

● 办法结构应严谨鲜明，条理清晰。

以下为工作管理办法【范文】（摘录部分内容）：

院前医疗急救管理办法

（20××年×月×日国家卫生和计划生育委员会令第×号公布

自20××年×月×日起施行）

第一章　总则

第一条　为加强院前医疗急救管理，规范院前医疗急救行为，提高院前医疗急救服务水平，促进院前医疗急救事业发展，根据《执业医师法》、《医疗机构管理条例》、《护士条例》等法律法规，制定本办法。

第二条　本办法适用于从事院前医疗急救工作的医疗机构和人员。

本办法所称院前医疗急救，是指由急救中心（站）和承担院前医疗急救任务的网络医院（以下简称急救网络医院）按照统一指挥调度，在患者送达医疗机构救治前，在医疗机构外开展的以现场抢救、转运途中紧急救治以及监护为主的医疗活动。

第三条　院前医疗急救是政府举办的公益性事业，鼓励、支持社会力量参与。卫生计生行政部门按照"统筹规划、整合资源、合理配置、提高效能"的原则，统一组织、管理、实施。

卫生计生行政部门应当建立稳定的经费保障机制，保证院前医疗急救与当地社会、经济发展和医疗服务需求相适应。

第四条　国家卫生计生委负责规划和指导全国院前医疗急救体系建设，监督管理全国院前医疗急救工作。

县级以上地方卫生计生行政部门负责规划和实施本辖区院前医疗急救体系

建设，监督管理本辖区院前医疗急救工作。

第二章　机构设置

第五条　院前医疗急救以急救中心（站）为主体，与急救网络医院组成院前医疗急救网络共同实施。

第六条　县级以上地方卫生计生行政部门应当将院前医疗急救网络纳入当地医疗机构设置规划，按照就近、安全、迅速、有效的原则设立，统一规划、统一设置、统一管理。

第七条　急救中心（站）由卫生计生行政部门按照《医疗机构管理条例》设置、审批和登记。

第八条　设区的市设立一个急救中心。因地域或者交通原因，设区的市院前医疗急救网络未覆盖的县（县级市），可以依托县级医院或者独立设置一个县级急救中心（站）。设区的市级急救中心统一指挥调度县级急救中心（站）并提供业务指导。

第九条　急救中心（站）应当符合医疗机构基本标准。县级以上地方卫生计生行政部门根据院前医疗急救网络布局、医院专科情况等指定急救网络医院，并将急救网络医院名单向社会公告。急救网络医院按照其承担任务达到急救中心（站）基本要求。

未经卫生计生行政部门批准，任何单位及其内设机构、个人不得使用急救中心（站）的名称开展院前医疗急救工作。

第十条　急救中心（站）负责院前医疗急救工作的指挥和调度，按照院前医疗急救需求配备通讯系统、救护车和医务人员，开展现场抢救和转运途中救治、监护。急救网络医院按照急救中心（站）指挥和调度开展院前医疗急救工作。

第十一条　县级以上地方卫生计生行政部门根据区域服务人口、服务半径、地理环境、交通状况等因素，合理配置救护车。

救护车应当符合救护车卫生行业标准，标志图案、标志灯具和警报器应当符合国家、行业标准和有关规定。

第十二条　急救中心（站）、急救网络医院救护车以及院前医疗急救人员的着装应当统一标识，统一标注急救中心（站）名称和院前医疗急救呼叫号码。

第十三条　全国院前医疗急救呼叫号码为"120"。

急救中心（站）设置"120"呼叫受理系统和指挥中心，其他单位和个人不得设置"120"呼叫号码或者其他任何形式的院前医疗急救呼叫电话。

第十四条　急救中心（站）通讯系统应当具备系统集成、救护车定位追踪、呼叫号码和位置显示、计算机辅助指挥、移动数据传输、无线集群语音通讯等功能。

第十五条　县级以上地方卫生计生行政部门应当加强对院前医疗急救专业人员的培训，定期组织急救中心（站）和急救网络医院开展演练，推广新知识和先进技术，提高院前医疗急救和突发事件紧急医疗救援能力与水平。

第十六条　县级以上地方卫生计生行政部门应当按照有关规定，根据行政区域内人口数量、地域范围、经济条件等因素，加强急救中心（站）的应急储备工作。

第三章　执业管理

第十七条　急救中心（站）和急救网络医院开展院前医疗急救工作应当遵守医疗卫生管理法律、法规、规章和技术操作规范、诊疗指南。

第十八条　急救中心（站）应当制定院前医疗急救工作规章制度及人员岗位职责，保证院前医疗急救工作的医疗质量、医疗安全、规范服务和迅速处置。

第十九条　从事院前医疗急救的专业人员包括医师、护士和医疗救护员。

医师和护士应当按照有关法律法规规定取得相应执业资格证书。医疗救护员应当按照国家有关规定经培训考试合格取得国家职业资格证书；上岗前，应当经设区的市级急救中心培训考核合格。

在专业技术职务评审、考核、聘任等方面应当对上述人员给予倾斜。

第二十条　医疗救护员可以从事的相关辅助医疗救护工作包括：

（一）对常见急症进行现场初步处理；

（二）对患者进行通气、止血、包扎、骨折固定等初步救治；

（三）搬运、护送患者；

（四）现场心肺复苏；

（五）在现场指导群众自救、互救。

第二十一条　急救中心（站）应当配备专人每天24小时受理"120"院前医疗急救呼叫。"120"院前医疗急救呼叫受理人员应当经设区的市级急救中心培训合格。

······

第四章　监督管理

······

第五章　法律责任

······

第六章　附则

第三十八条　本办法所称医疗救护员，是指人力资源社会保障部第四批新职业情况说明所定义，运用救护知识和技能，对各种急症、意外事故、创伤和突发公共卫生事件施行现场初步紧急救护的人员。

第三十九条　本办法所称救护车，是指符合救护车卫生行业标准、用于院前医疗急救的特种车辆。

第四十条　在突发事件中，公民、法人和其他单位开展的卫生救护不适用于本办法。

第四十一条　本办法自20××年×月×日起施行。

5.5　规定

规定是一种法规性公文，在规范性公文中，规定的使用范围最广、使用频率最高，具有较强的约束力，且可操作性强。

5.5.1　规定的含义和特点

规定是指领导机关或职能部门为贯彻某政策或进行某项管理工作、

活动，而提出原则要求、执行标准与实施措施的规范性公文。规定一般具有四个特点，如图5-12所示。

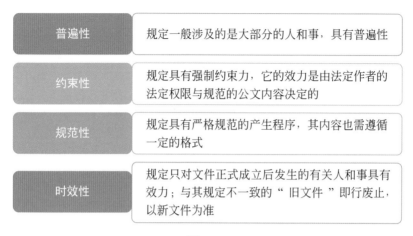

图5-12

5.5.2　规定的类型

根据内容和性质的不同，一般可以将规定分为两种类型，如图5-13所示。

图5-13

5.5.3　规定的模板与格式

规定一般包括首部和正文两部分，如图5-14所示。

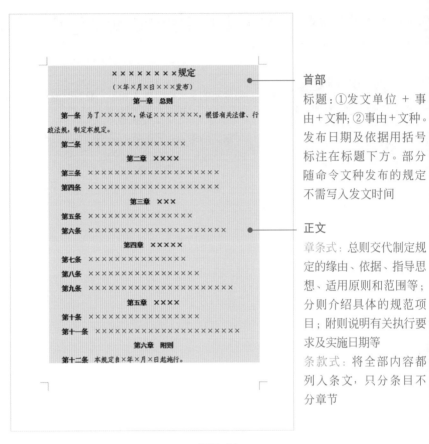

图5-14

5.5.4　规定的范文与注意事项

编制规定时，应注意以下两点：

● 规定的内容应尽可能详细，以便落实某一法律法规或加强管理工作；

● 规定的语言应严谨准确，语义明确。

以下为方针政策性规定【范文】：

企业名称登记管理规定

（1991年5月6日中华人民共和国国家工商行政管理局令第7号发布 根据2012年11月9日《国务院关于修改和废止部分行政法规的决定》第一次修订 2020年12月14日国务院第118次常务会议修订通过）

第一条 为了规范企业名称登记管理，保护企业的合法权益，维护社会经济秩序，优化营商环境，制定本规定。

第二条 县级以上人民政府市场监督管理部门（以下统称企业登记机关）负责中国境内设立企业的企业名称登记管理。

国务院市场监督管理部门主管全国企业名称登记管理工作，负责制定企业名称登记管理的具体规范。

省、自治区、直辖市人民政府市场监督管理部门负责建立本行政区域统一的企业名称申报系统和企业名称数据库，并向社会开放。

第三条 企业登记机关应当不断提升企业名称登记管理规范化、便利化水平，为企业和群众提供高效、便捷的服务。

第四条 企业只能登记一个企业名称，企业名称受法律保护。

第五条 企业名称应当使用规范汉字。民族自治地方的企业名称可以同时使用本民族自治地方通用的民族文字。

第六条 企业名称由行政区划名称、字号、行业或者经营特点、组织形式组成。跨省、自治区、直辖市经营的企业，其名称可以不含行政区划名称；跨行业综合经营的企业，其名称可以不含行业或者经营特点。

第七条 企业名称中的行政区划名称应当是企业所在地的县级以上地方行政区划名称。市辖区名称在企业名称中使用时应当同时冠以其所属的设区的市的行政区划名称。开发区、垦区等区域名称在企业名称中使用时应当与行政区划名称连用，不得单独使用。

第八条 企业名称中的字号应当由两个以上汉字组成。

县级以上地方行政区划名称、行业或者经营特点不得作为字号，另有含义的除外。

第九条　企业名称中的行业或者经营特点应当根据企业的主营业务和国民经济行业分类标准标明。国民经济行业分类标准中没有规定的，可以参照行业习惯或者专业文献等表述。

第十条　企业应当根据其组织结构或者责任形式，依法在企业名称中标明组织形式。

第十一条　企业名称不得有下列情形：

（一）损害国家尊严或者利益；

（二）损害社会公共利益或者妨碍社会公共秩序；

（三）使用或者变相使用政党、党政军机关、群团组织名称及其简称、特定称谓和部队番号；

（四）使用外国国家（地区）、国际组织名称及其通用简称、特定称谓；

（五）含有淫秽、色情、赌博、迷信、恐怖、暴力的内容；

（六）含有民族、种族、宗教、性别歧视的内容；

（七）违背公序良俗或者可能有其他不良影响；

（八）可能使公众受骗或者产生误解；

（九）法律、行政法规以及国家规定禁止的其他情形。

第十二条　企业名称冠以"中国""中华""中央""全国""国家"等字词，应当按照有关规定从严审核，并报国务院批准。国务院市场监督管理部门负责制定具体管理办法。

企业名称中间含有"中国""中华""全国""国家"等字词的，该字词应当是行业限定语。

使用外国投资者字号的外商独资或者控股的外商投资企业，企业名称中可以含有"（中国）"字样。

第十三条　企业分支机构名称应当冠以其所从属企业的名称，并缀以"分公司""分厂""分店"等字词。境外企业分支机构还应当在名称中标明该企业的国籍及责任形式。

第十四条　企业集团名称应当与控股企业名称的行政区划名称、字号、行业或者经营特点一致。控股企业可以在其名称的组织形式之前使用"集团"或者"（集团）"字样。

第十五条　有投资关系或者经过授权的企业，其名称中可以含有另一个企业的名称或者其他法人、非法人组织的名称。

第十六条　企业名称由申请人自主申报。

申请人可以通过企业名称申报系统或者在企业登记机关服务窗口提交有关信息和材料，对拟定的企业名称进行查询、比对和筛选，选取符合本规定要求的企业名称。

申请人提交的信息和材料应当真实、准确、完整，并承诺因其企业名称与他人企业名称近似侵犯他人合法权益的，依法承担法律责任。

第十七条　在同一企业登记机关，申请人拟定的企业名称中的字号不得与下列同行业或者不使用行业、经营特点表述的企业名称中的字号相同：

（一）已经登记或者在保留期内的企业名称，有投资关系的除外；

（二）已经注销或者变更登记未满1年的原企业名称，有投资关系或者受让企业名称的除外；

（三）被撤销设立登记或者被撤销变更登记未满1年的原企业名称，有投资关系的除外。

第十八条　企业登记机关对通过企业名称申报系统提交完成的企业名称予以保留，保留期为2个月。设立企业依法应当报经批准或者企业经营范围中有在登记前须经批准的项目的，保留期为1年。

申请人应当在保留期届满前办理企业登记。

第十九条　企业名称转让或者授权他人使用的，相关企业应当依法通过国家企业信用信息公示系统向社会公示。

第二十条　企业登记机关在办理企业登记时，发现企业名称不符合本规定的，不予登记并书面说明理由。

企业登记机关发现已经登记的企业名称不符合本规定的，应当及时纠正。其他单位或者个人认为已经登记的企业名称不符合本规定的，可以请求企业登记机关予以纠正。

第二十一条　企业认为其他企业名称侵犯本企业名称合法权益的，可以向人民法院起诉或者请求为涉嫌侵权企业办理登记的企业登记机关处理。

企业登记机关受理申请后，可以进行调解；调解不成的，企业登记机关应当自受理之日起3个月内作出行政裁决。

第二十二条　利用企业名称实施不正当竞争等行为的，依照有关法律、行政法规的规定处理。

第二十三条　使用企业名称应当遵守法律法规，诚实守信，不得损害他人合法权益。

……

第二十六条　本规定自2021年3月1日起施行。

5.6 　细则

细则是法规、规章的从属性文件，是对法令、条例的解释及补充，其目的是堵住原条文中的漏洞，使原条文发挥出具体入微的工作效应。

5.6.1 　细则的含义和特点

细则又称实施细则，是应用写作的主要文体之一，其本质是结合实际情况，对某一法令、条例或规定等作出详细具体的解释和补充，以便下级机关或人员可以更好地贯彻执行。细则一般具有三个特点，如图5-15所示。

规范性	细则是对法令、条例、规定等的补充说明或辅助性的规定，其行文具有相应的规范特点
补充性	细则是法规、规章的从属性文件，对法令、条例、规定等的部分条文起到补充的作用，从而弥补法令、条例、规定等操作性的不足，便于贯彻执行
可操作性	细则规定了具体适用的标准及执行程序，从而使原文件具有更强的可操作性

图5-15

5.6.2　细则的类型

根据内容和性质的不同，一般可以将细则分为两种类型，如图 5-16 所示。

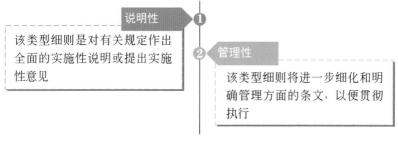

说明性 ❶
该类型细则是对有关规定作出全面的实施性说明或提出实施性意见

❷ 管理性
该类型细则将进一步细化和明确管理方面的条文，以便贯彻执行

图 5-16

5.6.3　细则的模板与格式

细则一般由首部和正文两部分组成，如图 5-17 所示。

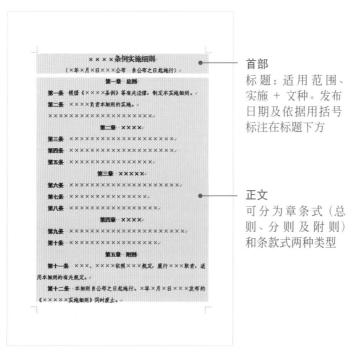

首部
标题：适用范围、实施 + 文种。发布日期及依据用括号标注在标题下方

正文
可分为章条式（总则、分则及附则）和条款式两种类型

图 5-17

5.6.4　细则的范文与注意事项

编制细则时，一般应注意以下三点：

● 细则是从属于法令、条例、规定等存在的，编制细则时，首先应如实说明制定细则的条文依据；

● 细则是对原条文的解释说明，在制定时应立足于原条文，并将其具体化、细致化；

● 制定细则时应注意其条文的逻辑性，一项一事。

以下为说明性细则【范文】：

××学院学术道德规范实施细则

（经20××年×月×日党委常委会审议通过，自20××年×月×日起施行）

第一章　总则

第一条　为了发扬良好的学术风气，加强学术道德建设，促进和保障我校学术活动的健康开展，规范学术不端行为的调查处理，有效保护师生员工的合法学术权益，结合学校实际，特制定本细则。

第二条　本细则适用于××学院师生员工和所有以××学院名义从事学术活动的单位和人员。

第二章　学术道德规范

第三条　在各类学术活动中，应严格遵守国家有关法律、法规及学术规范；在各类国际学术活动中，应遵守相应的国际规范和惯例。

（一）在进行学术评价时，遵循公正、客观、全面、准确的原则。

（二）学术研究要尊重他人的知识产权，引用他人成果时应注明出处；所引用的部分不能构成引用人作品的主要部分或实质部分；从他人作品转引第三人成果，注明转引出处。

（三）合作研究成果在发表前要经过所有署名人审阅，所有署名人对研究成果负责，合作研究的主持人对研究成果负主要责任。

(四)对于应该经过学术界论证和鉴定的重大科研成果，须在论证完成后并经项目主管部门批准，方可向新闻媒体公布。

(五)在教学、科研及相关活动中，应严格遵守和维护国家安全、信息安全、生态安全、健康安全等方面的规定。

第四条 不得有下列违反学术规范的行为：

(一)抄袭、剽窃、侵吞、篡改他人学术成果。

(二)伪造或者篡改实验数据、实验记录与图片、文献引用证明、注释，捏造事实。

(三)伪造、篡改学术经历、学术能力、学术成果。

(四)未参加创作，在他人学术成果上署名。

(五)未经他人许可，不当使用他人署名。

(六)违反正当程序或者放弃学术标准，进行不当学术评价。

(七)对学术批评者进行压制、打击或者报复。

(八)采用不正当手段干扰和妨碍他人研究活动。

(九)其他学术不端行为。

第三章 制度保障

第五条 校学术委员会负责评估学校学术违规问题，受理学术规范问题的举报，并提供明确的调查结论和处理建议。

第六条 校学术委员会负责维护学术道德规范并履行下列职责：

(一)负责评估学校关于加强学术道德建设的方针和政策，审查并认定有关学术道德行为的事实，仲裁有关学术道德的争议，并向学校管理部门提出相应的处理建议。

(二)在发现有悖学术道德规范的行为或接到相关举报后，应及时召集会议，讨论并决定是否启动调查程序。

(三)根据需要邀请相关学科专家组成临时工作小组，具体负责该学科学术道德问题的调查与鉴定。

(四)对学术道德问题的调查必须遵循客观公正的原则，以事实为依据，以法律为准绳，切实维护当事人的合法权益。有权要求学校相关单位（部门）和当事人提供证据，以便得出客观公正的结论。

(五)校学术委员会的结论仅限于学术范畴。具体处分事宜，需按相应的法律法规或行政程序进行处理。

第七条 校学术委员会调查学术不端行为，裁决学术纠纷，应当组织具有权威性和中立性的专家组，从学术角度进行调查取证，客观公正地进行调查认定。

第四章 附则

第八条 本细则由校学术委员会负责解释。

第九条 本细则自20××年×月×日起执行。

5.7 守则

守则是一种要求自觉遵守的约束性公文，一般由某一社会组织或行业内成员讨论后达成一致的意见后制定。

5.7.1 守则的含义和特点

守则是由国家机关、社会团体、企事业单位等制定并向所属人员发布的需要共同遵守的行为准则和道德规范。其一般具有三个特点，如图5-18所示。

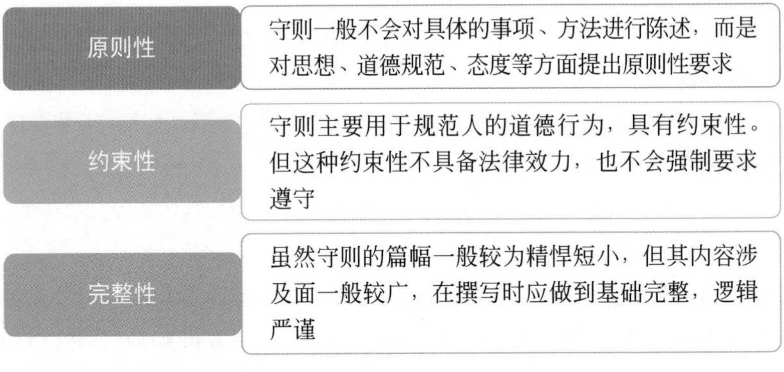

原则性	守则一般不会对具体的事项、方法进行陈述，而是对思想、道德规范、态度等方面提出原则性要求
约束性	守则主要用于规范人的道德行为，具有约束性。但这种约束性不具备法律效力，也不会强制要求遵守
完整性	虽然守则的篇幅一般较为精悍短小，但其内容涉及面一般较广，在撰写时应做到基础完整，逻辑严谨

图5-18

5.7.2　守则的模板与格式

守则一般由首部和正文两部分组成，如图5-19所示。

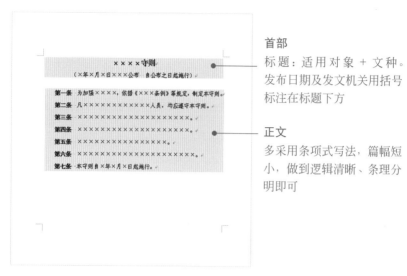

首部

标题：适用对象＋文种。
发布日期及发文机关用括号
标注在标题下方

正文

多采用条项式写法，篇幅短
小，做到逻辑清晰、条理分
明即可

图5-19

5.7.3　守则的范文与注意事项

撰写守则时，一般要注意以下两点：

- 守则的涉及面较广，其内容应做到简短精练，方便记忆；
- 守则应做到条目清楚，语言简洁。

以下为守则【范文】：

营销策划人员工作守则

（20××年×月×日××发布　自公布之日起施行）

第一章　总则

　　第一条　为了加强营销策划中心的管理工作，建立规范的策划工作秩序，特制定本守则。

第二条　本守则由营销策划中心主管监督执行，以保证各项目策划工作高效有序地进行。对违反规定者，按相关规定予以处理。

第二章　岗位职责

第三条　营销策划中心设三岗，各岗位职责与任务。（略）

第三章　作息时间

第四条　营销策划中心采取×天工作制，时间为上午8：30～11：30，下午2：00～5：30。

第五条　上班迟到×分钟以上，减发绩效奖金×元；×分钟以上必须电话通知行政部或中心主管，否则按旷工处理。一月×次旷工扣除当月的全部绩效奖金，×次以上做开除处理。

第六条　工作时间外出必须在留言处留言。如员工请假，原则上须提前至少×天通知，并将工作安排妥当后方可准假。请事假当日无工资。

第七条　关于加班。晚××以前为正常加班，时间超过××以后，可实报打车费。加班至××以后的工作人员，可采取轮班制，次日上班时间可延长至××，加班至××以后，可调半天至×天的休息时间。如当月双休日加班又无法获调休累计超过×天者，超过部分按该员工日薪予以补贴。

第四章　办公环境规定

第八条　办公室内必须保持整洁，用完工具书必须归位，会议桌用完需收拾干净及将座椅归位，工作桌面要保持整洁。被警告×次以上者，减发绩效奖金×元。

第九条　办公室内严禁吃零食（早××以后不能吃早餐），与客户交谈不准嚼口香糖，违者减发绩效奖金×元。

第十条　设计专员下班之前必须关闭所使用的电脑、打印机、扫描仪等电源。最后离开办公室的工作人员必须关闭所有电源、窗户、空调等。否则，视情节严重性减发绩效奖金××至××元。

第十一条　上班时间工作人员需穿戴整洁，佩戴工号牌，严禁穿拖鞋上班，违者减发绩效奖金×元。

第五章　附则

第十二条　本守则未涉及内容依据企业的相关规定执行。

第 6 章

会议类
文书写作

6.1 会议记录

会议记录是会议过程中记录的会议组织情况及具体内容，可使用包括笔录、音录及影像录等多种方式。会议记录可以最大限度地再现会议情境。

6.1.1 会议记录的含义和特点

从字面上看，会议记录就是记录会议内容的文书，记录时应尽可能详细完整，需要时可使用音录、影像录等方式辅助记录。会议记录一般具有四个特点，如图6-1所示。

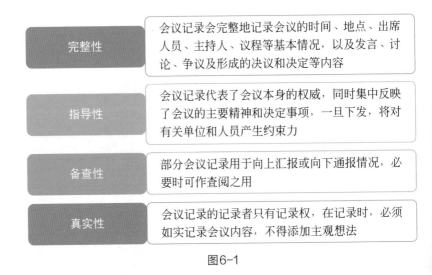

完整性	会议记录会完整地记录会议的时间、地点、出席人员、主持人、议程等基本情况，以及发言、讨论、争议及形成的决议和决定等内容
指导性	会议记录代表了会议本身的权威，同时集中反映了会议的主要精神和决定事项，一旦下发，将对有关单位和人员产生约束力
备查性	部分会议记录用于向上汇报或向下通报情况，必要时可作查阅之用
真实性	会议记录的记录者只有记录权，在记录时，必须如实记录会议内容，不得添加主观想法

图6-1

6.1.2 会议记录的类型

根据会议性质的不同，一般可以将会议记录分为三种类型，如图6-2所示。

6.1.3 会议记录的模板与格式

会议记录一般由会议组织情况及会议内容等部分组成，如图6-3所示。

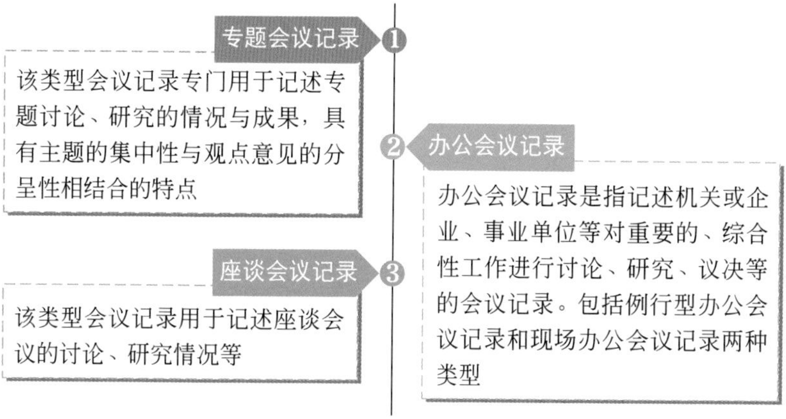

专题会议记录 ①

该类型会议记录专门用于记述专题讨论、研究的情况与成果，具有主题的集中性与观点意见的分呈性相结合的特点

② **办公会议记录**

办公会议记录是指记述机关或企业、事业单位等对重要的、综合性工作进行讨论、研究、议决等的会议记录。包括例行型办公会议记录和现场办公会议记录两种类型

座谈会议记录 ③

该类型会议记录用于记述座谈会议的讨论、研究情况等

图6-2

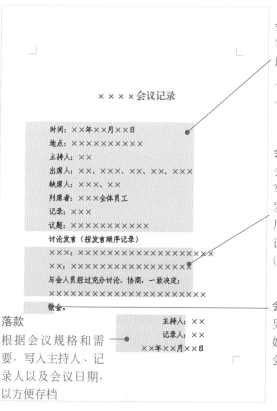

会议组织情况
写明会议名称、时间、地点、出席人数、缺席人数、列席人数、主持人、记录人等

会议内容
会议记录核心内容。需写明发言、决议、问题。发言内容可详细记录，尽量记录原话（重要会议），也可概要性记录（一般会议）

会议结束
另起一行写入"散会"。如中途休会，需写明"休会"二字

落款
根据会议规格和需要，写入主持人、记录人以及会议日期，以方便存档

图6-3

6.1.4 会议记录的范文与注意事项

记述会议记录时，一般应注意以下三点：

● 会议记录应基于真实，如实准确地记录会议的内容，不得添加记录者的主观想法，不得断章取义；

● 会议记录应做到书写清楚，条理清晰，不漏要点；

● 记述会议记录时，应注意格式，不遗漏会议基本情况及会议内容要点，会议内容按照发言顺序如实记录，发言人标于发言之前。

以下为会议记录【范文】：

会议记录

时间： 20××年×月×日

地点： 1号会议室

主持人： 杨××

出席人： 厂区各负责人（李×、陈××、王×、李××、张××、张×、王××）

缺席人： 无

会议主题： 节后，厂区工作安排

1.按规定参加国家有关部门或行业协会举办的有关安全生产管理知识的教育培训活动，并经考核合格取得安全员证书，而后按时参加复训。自觉学习研究有关安全生产的法律法规和规章制度，用心参与安全生产文化建设。

2.经常对工作现场(包括重要的生产岗位和部门)进行安全检查，及时发现各种不安全因素，督促整改，消除事故隐患。发现违反安全生产规章制度和安全操作规程的行为，或可能造成重大伤亡的事故隐患，状况危急时，有权下令停止生产，并且立即报告上级领导处理。对严重违反安全生产管理制度的维修厂职工，有权对其进行批评教育并向上级汇报，或向上级提来源、罚推荐。

3.认真贯彻和执行国家和交通主管部门有关安全生产的方针、政策、法律、法规、规程和标准。在本维修厂安全生产领导组和安办的领导下，负责本维修厂的安全监督管理工作。

4.会同有关部门做好维修厂安全生产宣传教育和培训，总结和推广安全生产的先进经验。每月按时报送本维修厂的《安全生产工作状况统计表》。做好总结的报送。

5.承办维修厂领导及安全生产领导组的其他安全生产管理工作事项。

散会。

主持人：杨××

记录人：吴××

××年×月×日

6.2 会议方案

会议方案属于计划类公务文书，是会议召开前为会议做出的预设方案，从而促进会议顺利圆满进行。

6.2.1 会议方案的含义和特点

会议方案是会议召开之前对会议的各个构成元素作出详细周密安排的计划性书面文书，其一般具有三个特点，如图6-4所示。

针对性	会议方案一般是针对大型或重要会议所制定的计划，具有针对性
计划性	会议方案先于会议制定，需要在方案中对会议的各个元素做出详细的计划与安排
指导性	会议方案对会议的开展具有指导作用

图6-4

6.2.2 会议方案的类型

根据内容和性质的不同，一般可以将会议方案分为三种类型，如图6-5所示。

代表会议方案 ①

代表会议一般参会人员多，召开时间长，会议程序严格，且不同级别的代表会议有不同的要求，制定方案时一般较为复杂

② 表彰奖励性会议方案

该类型会议方案适用于表彰奖励性会议，除会议外，还涉及奖状、奖品等财务物资，方案也较为复杂

工作会议方案 ③

该类型会议方案在材料的准备上有自己独有的特点，但不像代表会议那样严格

图6-5

6.2.3 会议方案的模板与格式

会议方案一般由标题、正文及落款等部分组成，如图6-6所示。

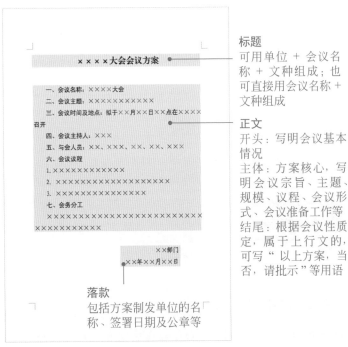

标题
可用单位＋会议名称＋文种组成；也可直接用会议名称＋文种组成

正文
开头：写明会议基本情况
主体：方案核心，写明会议宗旨、主题、规模、议程、会议形式、会议准备工作等
结尾：根据会议性质定，属于上行文的，可写"以上方案，当否，请批示"等用语

落款
包括方案制发单位的名称、签署日期及公章等

图6-6

6.2.4 会议方案的范文与注意事项

拟写会议方案时，一般应注意以下三点：

● 会议方案一般适用于中大型的会议，小型会议不需要写会议方案；

● 会议方案应尽可能做到全面周密，将会议中可能遇到的情况考虑到，做到总揽全局，计划周密；

● 会议方案不应设计得太满，应预留弹性空间，以应对突发状况。

以下为表彰奖励性会议方案【范文】：

××年度优秀员工表彰大会筹备方案

20××年××公司业务取得了突飞猛进的发展，其中××产品、××产品和××产品的可靠性、性价比和服务质量居行业前茅。本年度公司实现营业收入××亿元，同比增长××%。良好的成绩来自员工们辛苦努力的付出。为表彰先进，提高员工的工作积极性，公司领导决定对20××年度优秀员工进行表彰。

一、会议名称：××公司20××年度优秀员工表彰大会

二、会议主题：对为公司做出突出贡献的员工进行嘉奖

三、时间安排

1. 会议时间：20××年1月5日9：30—11：30

2. 会议游览时间：20××年1月5日15：00—20××年1月6日17：00

四、会议地点：××酒店106会议室

五、会议主持：张××

六、参会人员：总经理、副总经理、各部门经理等12人及优秀员工45人

七、会议日程

1. 1月5日8：00安排住宿。地点为××酒店。

2. 1月5日9：30—11：30参加20××年度优秀员工表彰大会（领导讲话、表彰优秀员工、员工代表获奖感言、经验交流、拍照合影）。

3. 1月5日12：00—14：00为会餐时间。地点为××酒店506、507大包厢。

4.1月5日15：00~1月6日17：00游览、娱乐活动（××景区、××景区、××景区）。

5.1月6日18：00退宿，返程。

八、会务分工

行政部经理××担任会议筹备总负责人，××负责接待领导，××负责照相工作，××负责会场茶水工作、会后会场的清理工作，××负责撰写新闻稿，××负责审核新闻稿并将其发布到公司网站。

九、会议注意事项（略）

××部门

××年×月×日

6.3　会议纪要

会议纪要是法定的公文文种之一，多用于记载和传达会议情况或议定事项，起到具体指导和规范的作用。

6.3.1　会议纪要的含义和特点

会议纪要是在会议记录的基础上加工整理出来的一种书面文件，可以综合反映会议的主要议定事项，便于向上级汇报或向有关人员传达分发。会议纪要一般具有三个特点，如图6-7所示。

纪实性	会议纪要必须如实地反映会议内容，不得随意增减或更改
概括性	会议纪要是对会议内容的整理、提炼和概括，其内容一般极为简洁精练
条理性	会议纪要一般会分类别、分层次地归纳概括会议精神及议定事项，使其条理清晰、层次鲜明

图6-7

6.3.2 会议纪要的类型

根据会议内容和性质的不同，一般可以将会议纪要分为六种类型，如图6-8所示。

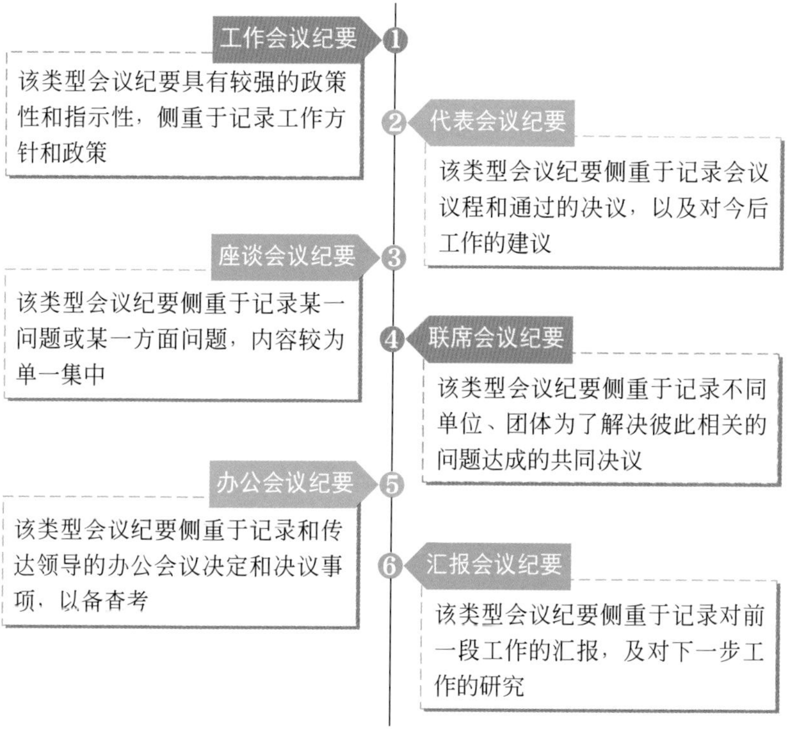

工作会议纪要 ①
该类型会议纪要具有较强的政策性和指示性，侧重于记录工作方针和政策

② **代表会议纪要**
该类型会议纪要侧重于记录会议议程和通过的决议，以及对今后工作的建议

座谈会议纪要 ③
该类型会议纪要侧重于记录某一问题或某一方面问题，内容较为单一集中

④ **联席会议纪要**
该类型会议纪要侧重于记录不同单位、团体为了解决彼此相关的问题达成的共同决议

办公会议纪要 ⑤
该类型会议纪要侧重于记录和传达领导的办公会议决定和决议事项，以备查考

⑥ **汇报会议纪要**
该类型会议纪要侧重于记录对前一段工作的汇报，及对下一步工作的研究

图6-8

6.3.3 会议纪要的模板与格式

会议纪要一般由标题、正文及落款组成，如图6-9所示。

知识链接：

会议纪要标题一般使用红色小标宋体字居中排布，上边缘至版心上边缘为35mm。纪要格式可根据实际制定。

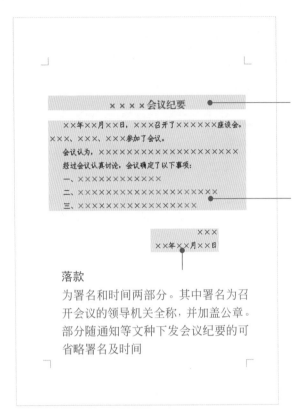

标题
可用会议全称或简称，也可用会议主要内容作为标题

正文
包括开头、主体及结尾。开头为会议概况（会议的基本情况、形势背景、目的要求及议题等）；主体是核心部分（对会议主要内容、精神、原则等进行综合阐述）；结尾提出号召或希望，可省略

落款
为署名和时间两部分。其中署名为召开会议的领导机关全称，并加盖公章。部分随通知等文种下发会议纪要的可省略署名及时间

图6-9

6.3.4 会议纪要的范文与注意事项

拟写会议纪要时，一般应注意以下四点：

● 会议纪要应基于真实的会议内容，从事实出发；

● 会议纪要应认真研究会议内容，准确取舍材料，突出中心；

● 会议纪要应吸收正确意见，做到理论明确，条理清晰；

● 会议纪要的落款是全体与会单位，体现了与会者的共同意志，可不添加落款及公章。

以下为会议纪要【范文】：

××市政府第×次常务会议纪要

20××年×月×日，××市长主持召开市政府第×次常务会议，听取《××省行政规范性文件管理规定》实施工作及我市相关情况、推行工业用地弹性年期出让工作情况的汇报，审议《××市推进整市屋顶分布式光伏开发工作实施方案》《××市分布式光伏发电项目补贴办法》《××市全域旅游发展规划（20××—20××）》《××市新增制造业用地项目评价推进机制方案（试行）》《20××年市级投资（含国企）项目计划年中调整情况》《××市既有建筑改造安全管控工作指导意见》，学习《家庭教育促进法》《信访工作条例》。

会议议定以下事项：

一、听取《××省行政规范性文件管理规定》实施工作及我市相关情况

（一）原则同意关于《××省行政规范性文件管理规定》实施工作及我市相关情况的汇报。

（二）要加强动态管理。司法部门要牵头定期梳理现有规范性文件，并及时按规定程序进行处置，切实提升法治政府建设水平。

（三）各单位在制定规范性文件时，要对照新的规定，严格执行评估论证等法定程序，保证文件质量；在文件施行过程中，要根据现实情况及时完善修订。

二、审议《××市推进整市屋顶分布式光伏开发工作实施方案》《××市分布式光伏发电项目补贴办法》

（一）原则通过《××市推进整市屋顶分布式光伏开发工作实施方案》《××市分布式光伏发电项目补贴办法》。

（二）光伏发电在满足绿电需求、能耗替代等方面具有重要支撑作用，要把握当前光伏产业发展的良好契机，探索建立分布式光伏发电推广应用与能耗指标分配正相关的激励机制，营造全市分布式光伏开发建设的良好氛围。

（三）发改、住建等部门和各板块要加强联动，利用既有建筑全生命周期管理系统，全面摸清工业厂房、商业楼宇、公共建筑等可开发、已建设的建筑底数，形成全市屋顶光伏开发情况一张图。

（四）要梳理本土光伏企业发展需求，加强相关企业产品的应用示范，助力企业做大做强。

（五）要建立相关保障机制，强化项目后续监管和服务。

三、审议《××市全域旅游发展规划（20××—20××）》

（一）原则通过《××市全域旅游发展规划（20××—20××）》。

（二）发展全域旅游是优化营商环境、促进经济发展的有效手段，要结合片区开发、老城保护利用等工作整体推进。市文体旅局要充分发挥牵头抓总作用，相关部门、板块要按照职责分工，加强协同配合，研究细化具体政策措施，形成工作合力。

（三）要进一步完善住宿、餐饮等配套服务设施，提升旅游服务品质；要加大旅游招商引资力度，在发挥好本土文化、生态等资源优势的基础上，大力培育旅游业市场主体，推动××全域旅游高质量发展再上新台阶。

四、审议《××市新增制造业用地项目评价推进机制方案（试行）》，听取推行工业用地弹性年期出让工作情况

（一）原则通过《××市新增制造业用地项目评价推进机制方案（试行）》，根据会议要求进一步修改完善，提请市委常委会审议；原则同意关于推行工业用地弹性年期出让工作情况的汇报，根据会议要求进一步修改完善。

（二）要用好市场主体全生命周期管理服务平台，开展新增制造业用地项目评价，并持续做好跟踪分析，精准掌握项目招商、落地、后续运行等情况，不断提高精准监管和服务水平。

（三）发改委要牵头做好评分标准的修订完善，切实发挥评价领导小组把关作用，确保项目评价科学全面、客观公正。

（四）各板块各部门要深入研究并用足用好工业用地弹性年期出让相关政策，将其作为吸引优质项目落地的重要抓手，不断提高土地出让收益。

五、审议《20××年市级投资（含国企）项目计划年中调整情况》

（一）原则通过《20××年市级投资（含国企）项目计划年中调整情况》，根据会议要求进一步修改完善，提请市委常委会审议。

（二）对涉及××万元及以上项目的调整，要按照规定程序向市人大常委会做好汇报和解释工作。

（三）各责任部门要进一步提高认识，加快推进已列入预算的项目建设进度，确保项目早开工、早建设、早见效。

（四）要结合重点片区开发等工作，提前测算项目资金，统筹做好明年市级投资（含国企）项目的储备工作。

六、审议《××市既有建筑改造安全管控工作指导意见》

......

七、学习《家庭教育促进法》《信访工作条例》

......

6.4 会议通知

会议通知属于知照性通知，是常用的一种应用文体，主要用于发送给与会人员以便让其知悉要开的会议并提前做好准备。

6.4.1 会议通知的含义和特点

会议通知就是指会议准备工作基本完成后，发送给与会人员的通知。其一般具有三种特点，如图6-10所示。

知照性	会议通知属于知照性通知，知照性是其最本质的特点
时效性	会议通知是对将要开的会议的通知，具有时效性，会议开始会议通知即失效
简洁性	会议通知的内容一般较为简洁，说明会议召开的时间、地点、与会人员及注意事项等基本信息即可

图6-10

6.4.2 会议通知的类型

根据通知方式的不同，一般可以将会议通知分为两种类型，如图6-11所示。

171

书面通知 ①

该类型会议通知多用于较为庄重的会议或出席人数较多的比较正式的会议

② 口头通知

该类型会议通知多用于小型会议，包括当面口头通知、电话通知等不同的类型

图6-11

6.4.3 会议通知的模板与格式

会议通知一般包括标题、主送机关、正文及落款四个部分，如图6-12所示。

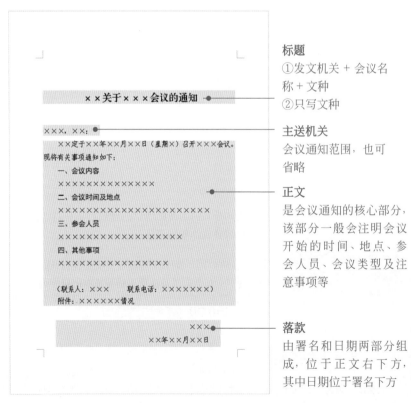

×× 关于 ×× 会议的通知

×××，××：

　　××定于××年××月××日（星期×）召开×××会议。现将有关事项通知如下：

　　一、会议内容
　　×××××××××××××
　　二、会议时间及地点
　　×××××××××××××××××××
　　三、参会人员
　　×××××××××××××××
　　四、其他事项
　　×××××××××××××

（联系人：×××　　联系电话：×××××××）
附件：×××××情况

×××
××年××月××日

标题
①发文机关 + 会议名称 + 文种
②只写文种

主送机关
会议通知范围，也可省略

正文
是会议通知的核心部分，该部分一般会注明会议开始的时间、地点、参会人员、会议类型及注意事项等

落款
由署名和日期两部分组成，位于正文右下方，其中日期位于署名下方

图6-12

6.4.4　会议通知的范文与注意事项

拟写会议通知时一般应注意以下三点：

● 会议通知应明确具体，交代清楚会议名称、主持单位、起止时间、地点、参会人员等会议基本信息；

● 会议通知应通知到位，以免耽误会议；

● 会议通知的内容应言简意赅、用词得当。

以下为会议通知【范文】：

关于20××年道路春运工作会议通知

各市（县）交通运输局单位：

　　为做好20××年道路春运工作，经请示省交通运输厅同意，决定召开20××年全省道路春运工作会议。现将有关事项通知如下：

　　一、会议内容

　　总结20××年交通运输行业安全生产工作，部署20××年安全生产及春运工作。

　　二、参加人员

　　1.各市（县）交通运输局领导；

　　2.各市（县）运管处处长或分管客运副处长，客运科长，安全科长；

　　3.一类客运班线企业主要负责人、地区所在地一级客运站主要负责人、地区所在地城市公交企业主要负责人；

　　4.邀请省交警总队、省安监局、省物价局领导参加。

　　三、会议时间

　　20××年×月×日(星期×)下午13：50会议签到，14：00开会。

　　四、会议地点

　　××市公路管理局(××开发区××路46号)四楼3号会议室。

　　五、其他事项

　　请参会人员将参会回执(见附件)于×月×日上午下班前报局安全处。

　　联系人：陈×

　　电话：×××××

传真：×××××

附件：参会回执（略）

×××交通局

20××年×月×日

6.5　会议讲话稿

会议讲话稿是在会议中发表讲话的书面文稿，其内容丰富，表现形式灵活多样，是应用写作的重要文体之一。

6.5.1　会议讲话稿的含义和特点

狭义上讲，会议讲话稿是指各级领导或负责人在会议中发表的带有宣传、指示、总结性质讲话的文稿。其一般具有三个特点，如图6-13所示。

针对性	会议讲话稿的内容由会议主题和讲话者身份决定，在拟写时，要针对会议主题、性质、议题、领导者要求等进行考虑
通俗性	讲话具有很强的现场性，其语言应通俗易懂、准确得体，方便讲话者表达与听众接受
规定性	讲话一般有时间限制，在拟写会议讲话稿时，应根据不同的场合与作用决定篇幅

图6-13

6.5.2　会议讲话稿的类型

根据适用范围和表现形式的不同，一般可以将会议讲话稿分为三种类型，如图6-14所示。

工作类讲话稿 ①

该类讲话稿是在工作会议中对之前的工作情况进行归纳总结，并部署下一步工作。拟写时应做到态度鲜明、逻辑严密

② 庆祝纪念类讲话稿

该类讲话稿是在庆祝、纪念活动或群众集会上发表的讲话，拟写时应对取得的成绩进行肯定与颂扬，并在此基础上展望未来，揭示其现实意义

表彰类讲话稿 ③

该类讲话稿是在表彰性会议中发表的讲话，内容具有强烈的感染力和鼓动性

图6-14

6.5.3　会议讲话稿的模板与格式

会议讲话稿一般由标题、称谓及正文组成，如图6-15所示。

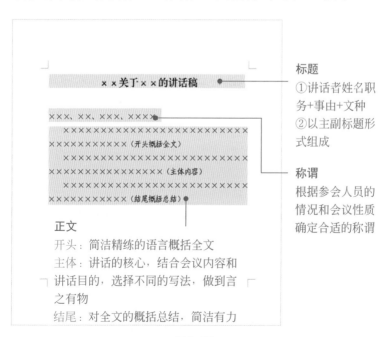

××关于××的讲话稿

×××、××、×××、××××

×××××××××××（开头概括全文）
××××××××××××××××××××
×××××××××××（主体内容）
××××××××××××××××××××
×××××××××（结尾概括总结）

标题
①讲话者姓名职务+事由+文种
②以主副标题形式组成

称谓
根据参会人员的情况和会议性质确定合适的称谓

正文
开头：简洁精练的语言概括全文
主体：讲话的核心，结合会议内容和讲话目的，选择不同的写法，做到言之有物
结尾：对全文的概括总结，简洁有力

图6-15

秒懂公文写作应用技巧

6.5.4　会议讲话稿的范文与注意事项

拟写会议讲话稿时，应注意以下三点：

● 作为公务文书使用时，会议讲话稿要体现主办方或上级领导的意见，拟写时应注重全局性、原则性及政策性；

● 会议讲话稿语言应尽量简洁明确，且偏向口语化，便于听众理解和接受；

● 会议讲话稿内容应条理清晰、层次分明，做到主旨鲜明、重点突出。

以下为会议讲话稿【范文】：

总务处张××关于住校生管理体制的讲话稿

各位住校生同学：

新年新气象，首先，祝愿大家在新的一年里学习进步、茁壮成长！

过去的20××年，在学校领导的带领下，在全体住校生同学的积极配合下，在我们总务处及各位班主任的辛勤努力下，顺顺利利地走过来了。目前，我们全校住校生总数为××人。其中男生××人，女生××人，初一××人，男生××人，女生××人；初二××人，男生××人，女生××人；初三××人，男生××人，女生××人。虽然人数不少，但大家在很多方面都有了不小的进步：首先，能做到按时回寝室就寝，其次，绝大部分同学都已经养成了良好的垃圾入箱的卫生习惯。特别是现在晚就寝的情况有了明显改善。同学们基本上能做到准时休息、准时起床等。

开学以来，我校总务处不断健全和完善了寝室管理制度，出台了寝室管理及卫生打扫评比等制度。我这里再重复强调一下，除了规范制度之外，我们还将严格管理，对住校生进行不定期的检查和抽查，对少数违规违纪的学生给予严肃处理。当然，同学们在寝室生活中如果遇到了问题，要多找寝管人员或总务处解决，有什么损坏的东西也要及时向寝管人员报修。

古人讲："修身、齐家、治国、平天下"。良好的行为习惯的养成，就是你们"修身"的一部分。人的行为习惯，不是一时想做就能做出来的，它是靠良好的家庭教育和学校教育，以及自己的努力，天长日久潜移默化养成的。而学生时代正是培养你们良好的素质的最佳时期。学校的规定，老师的教育，正是"良药苦口利于病"的一剂良方，它对你们将来进一步读书、工作、成家和一生的发展都会有深远的影响。

所以，每个人首先在思想上要高度重视行为习惯的养成，把它作为你们生活中重要的一部分。按照学校的规定，听从老师的教育，约束自己的行为，文明礼仪，从现在做起，从小事做起，天天做、有意识地做、自觉地做。真正做好了，这将是你们人生的一笔极其宝贵的精神财富。

"长风破浪会有时，直挂云帆济沧海。"同学们，迅速行动起来，自信、执着、勤奋、努力；热爱生活，珍惜青春，艰苦奋斗，勇往直前。为展现当代学子崭新的风采，为祖国光辉灿烂的美好明天，做出你们应有的努力和贡献吧！

谢谢大家。

6.6　会议工作报告

会议工作报告属于报告的一种，是一种常见的书面文字材料，多用于汇报工作情况。会议工作报告是会议文件的重要组成部分。

6.6.1　会议工作报告的含义和特点

会议工作报告是指党政机关、企事业单位和社会团体向上级汇报本单位、本部门、本地区工作情况、做法、经验以及问题的报告。其一般具有三个特点，如图6-16所示。

单向性	会议工作报告是下级向上级所作的报告，属于单向行文，不需收文机关批复
真实性	会议工作报告的内容是对实际问题的分析和解决，一般以叙述和说明两种表达方式为主，语言简明扼要，充分体现报告的真实性和客观性
事后性	会议工作报告一般是会议后作出的总结性报告

图6-16

6.6.2 会议工作报告的类型

根据内容和性质的不同，一般可以将会议工作报告分为四种类型，如图6-17所示。

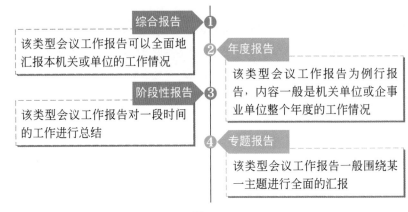

综合报告 ①
该类型会议工作报告可以全面地汇报本机关或单位的工作情况

② **年度报告**
该类型会议工作报告为例行报告，内容一般是机关单位或企事业单位整个年度的工作情况

阶段性报告 ③
该类型会议工作报告对一段时间的工作进行总结

④ **专题报告**
该类型会议工作报告一般围绕某一主题进行全面的汇报

图6-17

6.6.3 会议工作报告的模板与格式

会议工作报告包括标题、称谓、正文及结束语四部分，如图6-18所示。

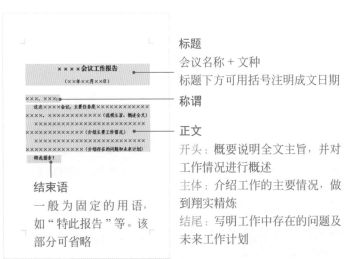

标题
会议名称＋文种
标题下方可用括号注明成文日期

称谓

正文
开头：概要说明全文主旨，并对工作情况进行概述
主体：介绍工作的主要情况，做到翔实精炼
结尾：写明工作中存在的问题及未来工作计划

结束语
一般为固定的用语，如"特此报告"等。该部分可省略

图6-18

6.6.4　会议工作报告的范文与注意事项

撰写会议工作报告时，应注意以下三点：

- 从事实出发，不得胡编乱造；
- 内容应尽可能翔实全面，重点突出；
- 语言应简要精练，做到层次分明，条理清晰。

以下为会议工作报告【范文】：

关于××市质监系统会议情况工作报告

　　为贯彻落实全市质监系统工作会议精神，×月×日和×月×日，我局分别召开了党组会、局务会及职工会议，专题学习了局长在全省质监工作会上关于"忠诚履职再创佳绩　为推动我省质量发展做出新贡献"的讲话、纪检组长在全省质监系统党风廉政建设工作会议上关于"深入推进反腐倡廉建设　为加快质监改革发展提供有力保障"的报告、××年省质量技术监督工作要点及全市有关开展"项目攻坚年、开放突破年、产业提升年、作风转变年"活动的实施意见等文件资料。

　　同时收听收看了质监系统"四个年"活动推进大会视频会实况，及时传达了全省、全市质监工作会议精神，并按照省局以宣贯《质量发展纲要》为总揽，坚定不移地落实"十二字"方针和《省质量发展"十二五"规划》，自觉把握"四转四加强"工作思路和"四个上台阶"工作目标及市委、县委、市质监局开展"四个年"活动的精神实质，积极主动参与地方经济建设，在招商引资、质量监管、民生计量服务、标准体系建设等方面寻找新的工作切入点和突破点，不断提高质监工作的有效性和贡献率，为"稳定增势、高位求进、加快发展"质量发展做出新贡献。

　　通过学习讨论，大家普遍认为，省、市质监局主要领导的讲话很全面、很深刻、很具体，对今后如何推进质监事业的发展具有重要的指导意义。我们将结合工作实际，切实加以落实，并按照局长的"七个围绕"和"四个进一步"讲话精神，认真做好如下几项工作，推动质监工作更上新台阶。认真落实质量工作责任制，开展《质量发展纲要》宣传活动，积极开展质量和食品安全监管工作，帮助企业搞好品牌建设和质量管理工作，实现企业良性增长。

一是实施名牌战略，搞好品牌建设，力争年内创1～2个第十一届名牌；

二是开展食品、特种设备安全监管工作，加大行政执法打假治劣力度，从源头上加强质量和安全监督检查工作，并认真执行行政案件回访制度；

三是着力抓好标准化、计量监督管理，特别是民生计量、节能减排工作；

四是巩固、拓展技术机构检测领域，加强检测人员的技能培训，提高其业务素质；

五是积极开展"四个年"活动，进一步加强内部管理，转变工作作风，大力提升干部职工的综合素质。

第 7 章

贸易类
文书写作

7.1 合作意向书

合作意向书是用于表达双方合作意向的文书，多用于洽谈重要的合作项目和涉外经营项目。

7.1.1 合作意向书的含义和特点

合作意向书是需要合作的双方在进行合作之前，就合作事项表明态度、提出初步设想的协约性文书，是实现合作的基础。其一般具有四个特点，如图7-1所示。

意向性	合作意向书的内容一般只表达双方的意愿，而不是具体的目标和实施方法
信誉性	合作意向书一般不具备法律效力，而是依托双方的信誉，对签署双方具有较低的约束力
协商性	合作意向书只是表达谈判的初步成果，是由双方协商所定，在签署后，仍允许协商修改
临时性	合作意向书是临时的文书，一旦谈判深入，合同或协议建立后，合作意向书即失效

图7-1

（！）注意事项：

部分情况下，合作如意向书中已经具备一份合同的主要条款，且当事人未明确排除其约束力，一方已经开始履行意向书中的部分义务，且对方接受，也会认为此类合作意向书具备法律约束力。

7.1.2 合作意向书的模板与格式

合作意向书一般由标题、正文及落款构成，其格式分别如下。

（1）标题

合作意向书的标题一般包括协作内容及文种两部分，协作内容前还可注明协作双方的名称。

（2）正文

合作意向书的正文由引言、主体及结尾三部分构成。引言一般会写明合作双方单位的全称，并在名称前注明甲方、乙方，或在名称后加括号注明"简称甲方""简称乙方"等，以便行文简洁，还要说明谈判协商的大致情况；主体是合作意向书的核心部分，一般用条文的形式表述合作双方达成的具体意向，以及意向书的文本数量及保存者；结尾部分一般注明"未尽事宜，双方在今后协商补充"等词句。

（3）落款

合作意向书的落款需要标明签订双方的法定名称、谈判代表人的签字及签署日期等，一般还需加盖公章和私章。

合作意向书模板如图7-2所示。

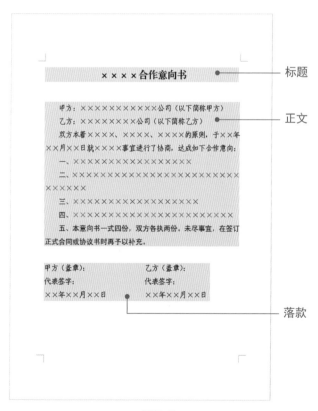

图7-2

7.1.3 合作意向书的范文与注意事项

拟写合作意向书时一般应注意以下三点：

● 合作意向书的语言需准确清晰，不得含糊不清；
● 合作意向书的内容应与协商内容一致；
● 合作意向书的语言应平和，商量性语气居多。

以下为合作意向书【范文】：

校企战略合作意向书

甲方：××××学院（以下简称甲方）

乙方：××××公司（以下简称乙方）

为了充分发挥校企双方的优势，促进高等教育与行业的共同发展，在平等自愿、充分酝酿的基础上，经双方友好协商，现就校企合作事项达成以下协议：

一、合作目的

（1）加强高校与行业的协作，实现高校与行业共同成长、发展的"双赢"。

（2）探索高等教育与行业协同发展的新型合作模式，实现适应行业发展需求的人才培养、人力资源开发、技术服务、科研成果转化等全方位一体化链接。

二、合作领域

1.就业实训

从协议签订之日起，甲方可根据人才培养计划，每年选派一定数量的学生，到乙方所属企业进行岗位实训，具体人数由甲乙双方协商确定。

2.定向培养

乙方根据行业实际需求，可委托甲方进行人才定向培养(含学历教育与非学历教育)；甲方根据乙方要求，实施针对性教育。

3.校企战略合作

甲方为乙方行业的技术革新、项目开发、员工培训、文化建设、产业发展等提供教育与科技服务；乙方为甲方在校大学生进行岗位实训指导、创业教育和职业指导，为甲方毕业生提供就业与实训岗位。

三、合作内容

1.互认挂牌、就业推荐、员工培训

（1）甲方在乙方挂牌设立"××××学院就业实训基地"，乙方在甲方挂牌设立××××公司人力资源培训基地。双方均同意在对外发布信息中使用共建基地的名称，并开展管理、实习、培训、科研合作。

（2）作为甲方的校外实训、就业基地，乙方在同等条件下应优先录用甲方毕业生；甲方每年邀请乙方用人单位参加甲方组织的校内毕业生供需洽谈会，优先为乙方输送德、智、体全面发展的优秀学生。

（3）甲方根据乙方行业发展需求，为乙方行业的技术革新、项目开发、员工培训、文化建设、产业发展等方面工作提供教育和科技服务。

（4）乙方向甲方提供本企业职业岗位特征描述，各职业岗位要求的知识水平和技能等级，企业的岗位工作待遇和工作环境，并为甲方制订相应各专业培养目标，审订合作各专业培训计划及专业课程设置。

2.顶岗实习、实训基地建设合作

（1）甲方从合同签订之日起，根据职业教育教学计划和培养方案，每年选派一定数量的指定年级、专业的学生到乙方进行顶岗实习，具体人数根据乙方岗位需求、甲方学生情况等因素，由甲乙双方协商决定。

（2）乙方作为甲方学生的顶岗实习单位，同时也是甲方的校外实训基地，应优先满足甲方学生在专业实习、毕业实习等方面的需求。双方在协商一致的基础上，本着共同发展的原则，建立紧密、长效的合作机制。

（3）乙方若需在甲方建立校内生产性实训基地，原则上可由甲方提供场地设施，由乙方投入生产设备（建立实训基地协议另订）。

（4）顶岗实习学生在实习期间，根据实习协议的要求应服从乙方管理人员的管理，遵守乙方规章制度（含考勤管理和技术管理），同时不得违反甲方的有关管理规定。乙方应指派专门技术人员担任实习指导教师，同时乙方应负责实习学生在乙方单位实习期间的人身、财产安全。

（5）甲乙双方各确定1～2名联络员负责"战略合作项目"建设工作，保证各项工作的顺利进行。

3.协议变更

本协议如遇客观情况发生重大变化或其他未尽事宜时，双方另行协商解决并签订补充协议（或备忘录），补充协议与本协议具有同等效力。

甲方：××××学院（盖章）　　　　乙方：××××公司（盖章）

代表（授权）人：×××　　　　　　代表（授权）人：×××

××年××月××日　　　　　　　　××年××月××日

7.2　询价函

询价函就是买方向卖方咨询某项商品交易条件的信函。其目的是请对方报出商品价格，并不具备法律约束力。

7.2.1　询价函的模板与格式

询价函一般包括标题、称谓、正文及落款四部分，如图7-3所示。

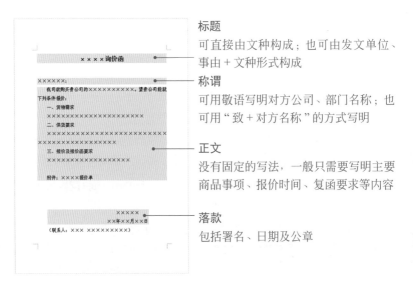

图7-3

7.2.2 询价函的范文与注意事项

撰写询价函时一般应注意以下两点：

- 询价函的语言应简洁精练，直陈其事；
- 采购询价函一般会附有报价单的附件。

以下为询价函【范文】：

询价函

致××××公司：

我院欲采购下列医疗设备，望贵公司就以下采购内容进行报价。现将有关事项说明如下：

一、货物要求

1.货物清单（详见附件）；

2.质量要求：需提供产品的质量保证说明及售后服务承诺。

二、供应商资格及资质证明文件

1.具有独立承担民事责任能力的企业法人；

2.具有良好的商业信誉和健全的财务会计制度；

3.具有履行合同所必需的设备和专业技术能力；

4.法定代表人资格证明文件或其授权书；

5.年检合格的营业执照复印件和税务登记证复印件，医疗器械经营许可证复印件(盖单位公章)。

三、报价及报价函要求

1.本次询价只允许有一个方案、一个报价，多方案、多报价的将不被接受；

2.投标人的报价为一次性报价，即在询价有效期内价格固定不变，其报价包括产品运输、安装、调试、税费等交付采购人使用前可能发生的所有费用；

3.报价时投标人应就以上货物的技术支持与服务做出书面承诺；

4.报价函要经法定代表人或其授权代表签字、盖章，如为授权代表签字，请附法定代表人授权书；

5.报价连同相关证明文件复印件一起密封后在报价截止时间前交至询价人。

附件：产品采购表（略）

×××市×××医院

××年×月×日

（联系人：设备科　陈××　　联系电话：13×××××××××）

7.3　报价函

报价函与询价函相对应，是卖方在收到询价函后回复所使用的书面文件，是一种回复性商务信函。报价函一般具有严格性和合理性的特点。

7.3.1　报价函的模板与格式

报价函没有固定的写作格式，根据需要撰写即可。一般来说，报价函包括标题、称谓、正文及落款四部分，如图7-4所示。

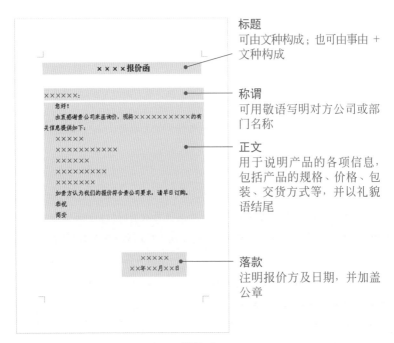

图7-4

7.3.2 报价函的范文与注意事项

撰写报价函时一般应注意以下三点：

● 报价函除了需要对产品进行报价外，还需描述清楚产品的规格、包装等影响报价的因素；

● 报价函的语言应亲和有礼，给客户良好的问询体验；

● 报价函的用词应准确清晰，以免混淆语义。

以下为报价函【范文】：

报价函

××××公司：

　　1.我方决定按照询价函中规定的各项要求，参加报价。对于××××项目，我方总报价为××××元（大写）。

　　2.我方为本项目提交的报价文件一式两份，其中正本一份、副本一份。

　　3.一旦我方中标，我方将严格履行合同规定的职责和义务，并按照投标文件中的承诺，保证按时完成项目的实施。

　　4.我方愿意按《中华人民共和国合同法》履行自我的全部职责。

　　附件1：××××项目报价明细表（略）

　　附件2：营业执照和相关资质文件复印件（略）

　　附件3：质量承诺书（略）

××××公司

××年×月×日

7.4　订购函

订购函是买方向卖方发出的订购货物的商务文书，其一般发生在买卖双方磋商且达成一致后。常见的订购函包括表格式和便函式两种形式。

7.4.1 订购函的模板与格式

订购函一般由标题、称谓、正文及落款构成，如图7-5所示。

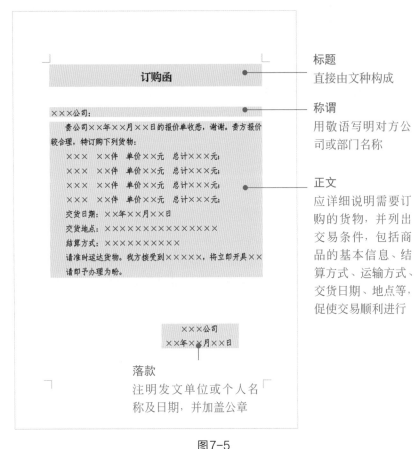

图7-5

7.4.2 订购函的范文与注意事项

撰写订购函时一般应注意以下两点：

● 订购函的语言应简明扼要，方便收件人理解；

● 订购函的内容应详细清晰，方便收件人根据订购函了解买家的需求，并提供相应的商品及服务。

以下为订购函【范文】：

订购函

×××公司：

　　贵公司××年×月×日报价单收悉，感谢！贵方报价较合理，特订购以下产品：

订购产品	产品型号	数量	单价/元	总计/元
无线话筒	MR-8800	10套	××	××××
功放	SP-70	5个	××	××××
音箱	SPK-306	10个	××	××××
专业会议音箱	ASB	6个	××	××××
会议数字音频处理器	FBX2420	2个	××	××××
合计				××××

　　交货日期：××年×月×日。

　　交货地点：××市××区××路××号。

　　结算方式：转账支票。

　　烦请准时运达货物，以利我方市场需求。我方接收到贵方装运函后，将立即开具转账支票。

　　请即予办理为盼。

×××公司

××年×月×日

7.5　催款函

　　催款函是用于催缴款项的商务文书，多用于交款单位或个人未按时在规定期限内交付款项时。常见的催款函包括便函式及表格式两种形式。

7.5.1　催款函的模板与格式

催款函一般包括标题与编号、称谓、正文及落款四部分，如图7-6所示。

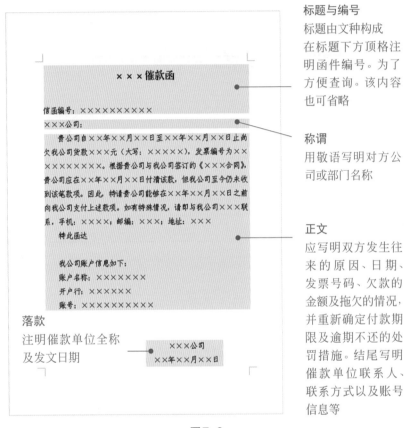

标题与编号
标题由文种构成
在标题下方顶格注明函件编号。为了方便查询。该内容也可省略

称谓
用敬语写明对方公司或部门名称

正文
应写明双方发生往来的原因、日期、发票号码、欠款的金额及拖欠的情况，并重新确定付款期限及逾期不还的处罚措施。结尾写明催款单位联系人、联系方式以及账号信息等

落款
注明催款单位全称及发文日期

图7-6

7.5.2　催款函的范文与注意事项

拟写催款函时一般应注意以下三点：

● 根据催款性质的不同，催款函的语气也略有差别。快到或已到付款期限时，语气应较为缓和，起到通知对方付款的作用；已过付款期

限时，应采取较为强烈的语气，催促对方还款。

● 催款函的内容应清晰明了，用简洁精练的语言描述清楚重点内容。

● 催款函应明确注明催款方信息，便于受文对象及时付款。

以下为催款函【范文】：

催款函

×××先生：

您好！

依据您与我公司签订的编号为×××《×××合同》的约定，您应按期在每月×日足额支付××款项。现您已逾期付款达到××期，共计××××元（大写），已造成严重违约，我司将解除与您的合同，一次性要求您承担×××的违约责任，我公司必将就此向您追偿所有损失。

现郑重函告您，请务必于××年×月×日前至我公司偿清上述欠款及逾期利息，终止逾期状态。否则，我公司将在上述日期截止后采取××等措施，并将诉诸一切法律手段追回欠款。届时，您不但要依法履行上述还款义务，同时还将承担本案诉讼费、律师费、差旅费等与此相关的所有费用。谨请审慎对待此事，以免讼累。

专此函告！

我司账户信息如下：

账户名称：×××

开户行：××××××××

账号：××××××××××××

×××公司

××年×月×日

7.6 索赔函

索赔函是合同双方中的一方向另一方提出赔偿或维护其他权利的文书，多用于合同中的某一方没有全部履行合同所规定的责任和义务，造成另一方经济损失或精神损失的情况。

7.6.1 索赔函的模板与格式

索赔函一般包括标题、编号、受文对象、正文、附件及落款六部分，如图7-7所示。

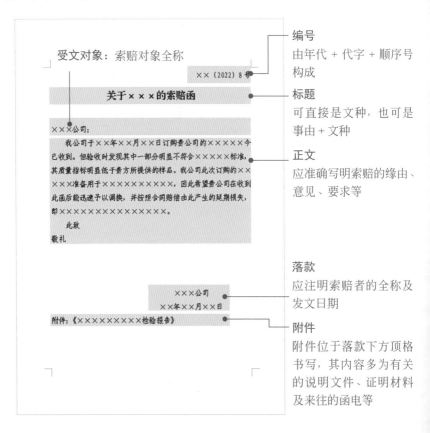

图7-7

7.6.2 索赔函的范文与注意事项

撰写索赔函时一般应注意以下三点：

- 语气应冷静克制，不可情绪化；
- 索赔理由应清晰明了；
- 索赔要求应合情合理。

以下为索赔函【范文】：

索赔函

致×××公司：

我厂于2022年××月××日发现贵公司所提供的××批次的零件出现断裂，无法再加工，造成我厂紧急停产。此事已影响到我方正常交货，使我方信誉受损以及产生逾期交货的违约职责。为此我厂向贵公司要求赔偿以下费用损失：

1.产品直接损失：××元

2.退货运费：××元

3.寄货运费：××元

4.逾期交货违约金：××元

费用共计：××××元

以上是我厂的最低要求，请贵公司于7日内支付上述赔偿金额。7日后若贵公司不支付赔偿金，且不予协商，我厂会经过法律途径追偿全部损失，不再通知。

顺祝商祺！

××××公司

××年××月××日

第 8 章

书信类
文书写作

知识要点

1. 推荐信

2. 感谢信

3. 公开信

4. 申请书

5. 保证书

6. 倡议书

8.1 推荐信

推荐信是一种常见的应用文体，它可以帮助收信人从第三方的角度客观地认识被推荐人。

8.1.1 推荐信的含义和特点

推荐信是写信人为推荐另一个人去接受某个职位或参与某项工作、活动所写的信件，多用于推荐学生到其他地方（一般是国外）求学深造时使用。推荐信一般具有两个特点，如图8-1所示。

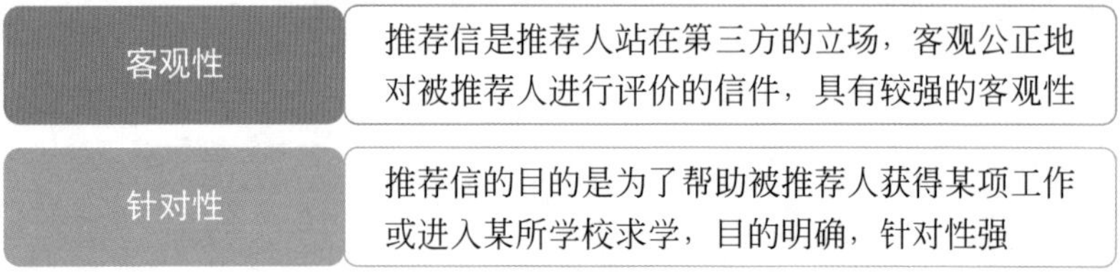

| 客观性 | 推荐信是推荐人站在第三方的立场，客观公正地对被推荐人进行评价的信件，具有较强的客观性 |
| 针对性 | 推荐信的目的是为了帮助被推荐人获得某项工作或进入某所学校求学，目的明确，针对性强 |

图8-1

8.1.2 推荐信的类型

根据性质和目的的不同，一般可以将推荐信分为工作推荐信、学术推荐信及个人推荐信三种类型，如图8-2所示。

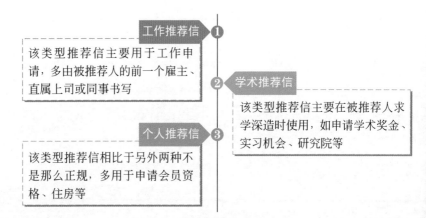

工作推荐信 ①
该类型推荐信主要用于工作申请，多由被推荐人的前一个雇主、直属上司或同事书写

② 学术推荐信
该类型推荐信主要在被推荐人求学深造时使用，如申请学术奖金、实习机会、研究院等

个人推荐信 ③
该类型推荐信相比于另外两种不是那么正规，多用于申请会员资格、住房等

图8-2

8.1.3 推荐信的模板与格式

推荐信一般由标题、称谓、正文及落款四部分组成，如图8-3所示。

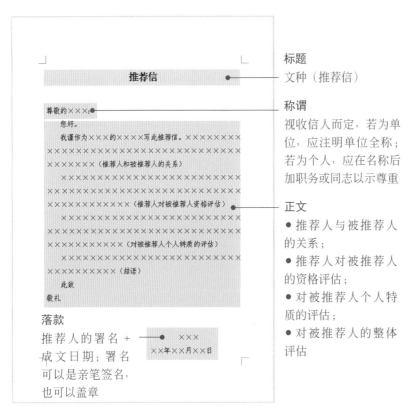

标题
文种（推荐信）

称谓
视收信人而定，若为单位，应注明单位全称；若为个人，应在名称后加职务或同志以示尊重

正文
● 推荐人与被推荐人的关系；
● 推荐人对被推荐人的资格评估；
● 对被推荐人个人特质的评估；
● 对被推荐人的整体评估

图8-3

8.1.4 推荐信的范文与注意事项

拟写推荐信时，一般应注意以下三点：

● 推荐人应熟知被推荐人的信息，以便深入地评价被推荐人；

● 被推荐人在寻找推荐人时，应为其书写推荐信预留足够的时间；

● 推荐信应根据被推荐人的情况和目标有针对性地书写。

以下为推荐信【范文】：

推荐信

尊敬的×××:

　　您好!

　　作为××中学的一名教师,本人很高兴推荐××同学参加贵校的××夏令营及之后的××××复试。本人在教授该生的过程中,发现该生基础知识扎实,能灵活运用所学的基本理论和基础知识,并举一反三,取得令人惊喜的效果。她自学能力强,善于理解接受新生事物,具有独立完成××××事物的能力。

　　××同学具有极强的学习与实践能力,在校期间不仅成绩名列前茅,还利用业余时间参加了多项竞赛,并获得了优异的成绩,包括全国青少年人工智能创新挑战赛一等奖、全国中学生数学奥林匹克竞赛一等奖、全国中学生物理奥林匹克竞赛二等奖、全国中学生创新作文大赛二等奖等。学习之外,××同学具有广泛的爱好和兴趣,在音乐、围棋等领域均有所涉猎,并取得了相应的等级证书。

　　××同学团结友爱,富有责任感,在提升自身能力的同时,带动同学一起进步,使班级风气焕然一新,促进了同学间的良好竞争。

　　我相信,有全面素质和扎实功底的××同学,必将成为一个优秀的人才,在此郑重向贵校推荐,并希望贵校能给她机会。

　　此致

敬礼!

推荐人:×××

20××年××月××日

8.2　感谢信

　　感谢信是日常生活中常见的一种应用文体,多用于感谢对方的帮助和支持,是重要的礼仪文书。

8.2.1 感谢信的含义和特点

感谢信是写信人向帮助、支持过其的集体或个人表达感谢的书信体文书，具有感谢和表扬双重含义。感谢信一般具有三个特点，如图8-4所示。

图8-4

8.2.2 感谢信的类型

根据感谢对象的不同，一般可以将感谢信分为两种类型，如图8-5所示。

图8-5

8.2.3 感谢信的模板与格式

感谢信一般包括标题、称谓、正文及落款四部分，如图8-6所示。

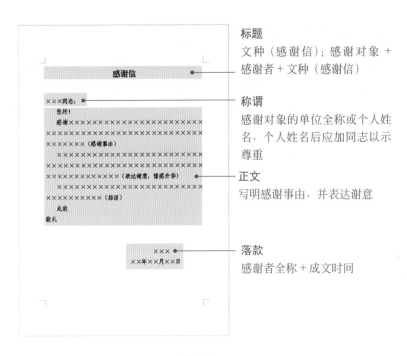

图8-6

8.2.4　感谢信的范文与注意事项

拟写感谢信时，一般应注意以下三点：

- 内容应真实，不虚词，不溢美，从事实出发；
- 表达谢意应真诚有礼；
- 用词应简洁精练，详略得当，层次分明。

以下为感谢信【范文】：

感谢信

尊敬的×××店长：

　　您好！

　　我是李××，20××年××月××日晚上20:00左右，我母亲在××路

××店门口因身体不适晕倒，贵店店员黄××和于××看到后，及时地疏散人群对其进行救治，并帮忙拨打了 120 和 110，使我母亲得到了及时救治，脱离了生命危险。

在此我向黄××和于××表示衷心的感谢，是他们帮助了我的母亲，挽救了我母亲的生命。

此致

敬礼！

李××

20××年××月××日

8.3　公开信

公开信是公开发表的信件，一般起到问候、表扬、鼓励的作用，也可用于写给特定对象或澄清某些事实。

8.3.1　公开信的含义和特点

公开信是作者认为有必要使公众知道，公开发表的写给个人或集体的书信体文书。公开信一般具有两个特点，如图8-7所示。

公开性	公开性是公开信最突出的特点，几乎所有的公开信都是公开发表的信件
教育性	公开信的内容一般会在社会上产生较大的影响，具有思想教育意义以及舆论引导性

图8-7

8.3.2　公开信的类型

根据内容和性质的不同，一般可以将公开信分为四种类型，如图8-8所示。

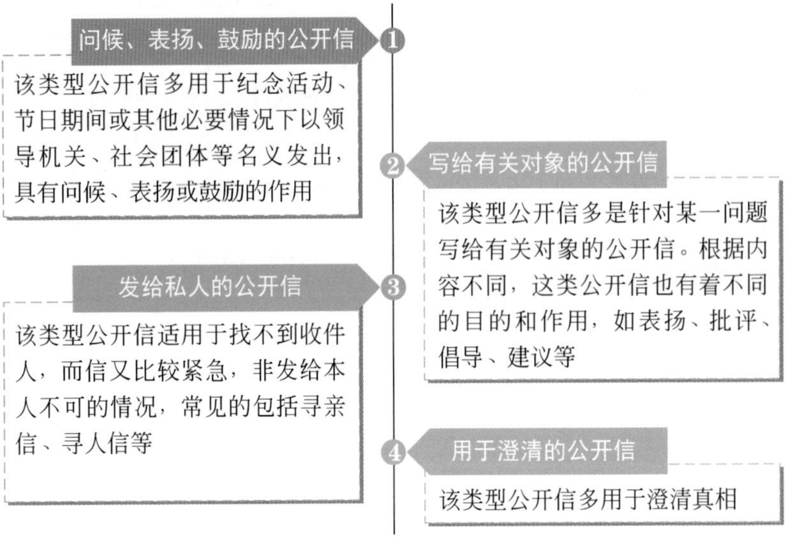

问候、表扬、鼓励的公开信
1
该类型公开信多用于纪念活动、节日期间或其他必要情况下以领导机关、社会团体等名义发出，具有问候、表扬或鼓励的作用
2
写给有关对象的公开信
该类型公开信多是针对某一问题写给有关对象的公开信。根据内容不同，这类公开信也有着不同的目的和作用，如表扬、批评、倡导、建议等
发给私人的公开信
3
该类型公开信适用于找不到收件人，而信又比较紧急，非发给本人不可的情况，常见的包括寻亲信、寻人信等
4
用于澄清的公开信
该类型公开信多用于澄清真相

图8-8

8.3.3 公开信的模板与格式

公开信一般包括标题、称谓、正文及落款四部分，如图8-9所示。

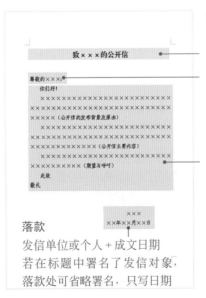

致×××的公开信
尊敬的×××：
你们好！
××（公开信的发布背景及原由）
××（公开信主要内容）
××××××××××××××××××××××××××××××××××（期望与呼吁）
此致
敬礼
×××
××年××月××日
标题
文种（公开信）；事由+文种（公开信）
称谓
顶格书写，称谓后加冒号。为表尊重，可在称谓前添加敬语
正文
一般在称谓下方另起一行，空两格书写。在结尾处写表达祝福的话，如“此致敬礼”“祝身体健康”等
落款
发信单位或个人+成文日期
若在标题中署名了发信对象，落款处可省略署名，只写日期

图8-9

8.3.4　公开信的范文与注意事项

拟写公开信时，一般应注意以下三点：

● 公开信是面向大众的信件，写作时应客观公正，实事求是；

● 公开信是具有广泛影响力的信件，在发表前应慎重考虑，确有必要才可发表；

● 公开信的发表应选择合适的时机，以使其产生较好的社会效果。

以下为公开信【范文】：

致家长朋友们的公开信

亲爱的家长朋友们：

大家好！

感谢大家长期以来对学校工作的大力支持，伴随着假期的到来，教育的接力棒即将传递到你们手中。为了使学生们度过一个充实愉快的假期，现就假期提出如下建议：

一、做好安全教育工作

1.安全是人的根本需要，在假期中，家长要教育孩子注意安全，谨防溺水、煤气中毒、交通事故、火灾、触电、食物中毒等，同时要教育孩子远离危险地段，加强保护自己的意识。

2.加强孩子网络安全教育，引导孩子正确使用互联网及智能手机，教育孩子远离不良游戏、黄色暴力网站等。

二、制定学习计划，合理安排时间

合理健康的学习计划可以帮助孩子有计划、自觉地安排自己的时间，使假期生活更加充实有序。家长朋友可以帮助孩子制定合理的假期学习计划，科学地安排学习、锻炼、娱乐等时间。在实现计划的过程中，应多鼓励、多引导学生按照计划实施。

三、共同参与亲子活动，加强交流

假期家长应多和孩子交流沟通，关心孩子的身体及心理健康，做孩子成长道路上值得信赖的朋友，帮助孩子科学地面对成长道路上的挫折，培养社会优秀公民。

孩子承载着希望，孩子的成长离不开学校与家长共同的支持。相信孩子在您的正确引导下，一定能充实合理地规划假期时间，度过一个愉快的假期。

衷心祝愿家长朋友们阖家欢乐，万事如意。

此致

敬礼！

××××中学

20××年××月××日

8.4 申请书

申请书是一种常见的专用书信，使用范围非常广泛，多用于表达愿望或提出请求。

8.4.1 申请书的含义和特点

申请书是集体或个人向组织、机关、企事业单位或社会团体表述愿望、提出请求时使用的一种书信体文书，其一般具有两个特点，如图8-10所示。

请求性	请求性是申请书的一个根本特点，申请书本质上就是表述愿望、提出请求的文书
书信体	申请书是一种专用书信，其格式应符合书信要求

图8-10

8.4.2 申请书的类型

根据不同的分类标准，可以将申请书划分为不同的类型。一般可以根据用途的不同，将申请书分为三种类型，如图8-11所示。

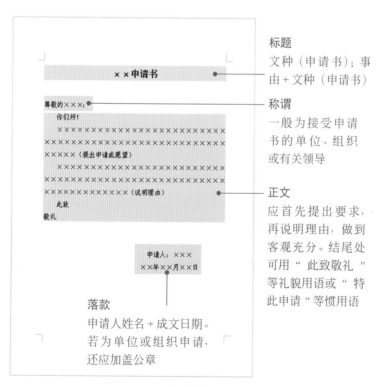

图 8-11

8.4.3　申请书的模板与格式

申请书一般由标题、称谓、正文及落款四部分组成，如图 8-12 所示。

标题
文种（申请书）；事由 + 文种（申请书）

称谓
一般为接受申请书的单位、组织或有关领导

正文
应首先提出要求，再说明理由，做到客观充分。结尾处可用"此致敬礼"等礼貌用语或"特此申请"等惯用语

落款
申请人姓名 + 成文日期。若为单位或组织申请，还应加盖公章

图 8-12

207

8.4.4　申请书的范文与注意事项

拟写申请书时，一般应注意以下三点：

- 申请书的申请理由应充分，实事求是；
- 申请书内容应清晰具体，层次分明；
- 申请书的语言应简洁诚恳。

以下为申请书【范文】：

转正申请书

尊敬的领导：

　　您好！

　　我是林××，于20××年××月××日成为公司的试用员工，目前担任财务部助理会计一职，负责协助主办会计开展工作，做好会计核算和分析等工作，至今天3个月试用期已满，根据公司的试用期规章制度，现申请转为公司正式员工。

　　在试用期期间，我积极参与工作，并向老员工学习，以较快的速度熟悉公司的情况，对工作从初入职时的慌乱忙碌到现在的得心应手，取得了一定的进步。

　　在本部门的工作中，我认真负责，及时地处理领导布置的每一项任务，在公司领导及同事的帮助下，快速上手，能够在规定时间内出色地完成任务。当然，初入职场，难免出现一些小的差错需要领导指正，但这些差错都让我不断成长，在处理事情时我会考虑得更加全面，杜绝类似错误的发生。

　　经过这三个月的试用期，我现在已经可以独立、熟练地完成自己的工作，并积极配合同事，提高工作效率，及时地发现工作中的问题。在以后的工作中我会一如既往地以积极认真的态度努力工作，在此特提出转正申请，恳请领导给我锻炼自己、实现理想的机会。

　　此致

敬礼！

申请人：×××

20××年××月××日

8.5 保证书

保证书是承诺的一种书面形式，在特定情况下保证书具有法律效力。

8.5.1 保证书的含义和特点

保证具有担保做到的含义，保证书即指个人、集体担保做到或决心改正的文书，多用于开展工作、完成任务或犯错后决心改正时。保证书一般具有三个特点，如图8-13所示。

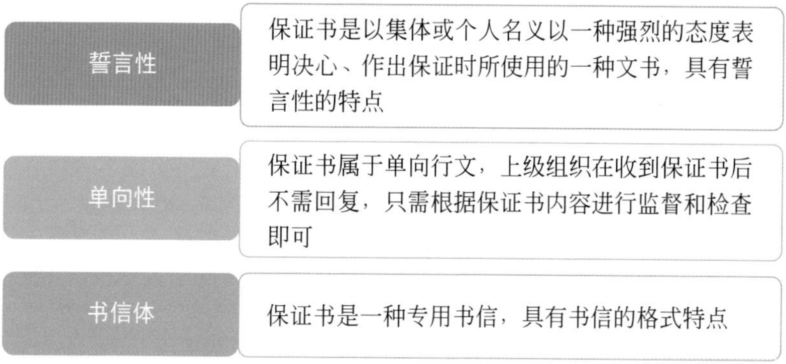

誓言性	保证书是以集体或个人名义以一种强烈的态度表明决心、作出保证时所使用的一种文书，具有誓言性的特点
单向性	保证书属于单向行文，上级组织在收到保证书后不需回复，只需根据保证书内容进行监督和检查即可
书信体	保证书是一种专用书信，具有书信的格式特点

图8-13

8.5.2 保证书的类型

根据内容和性质的不同，一般可以将保证书分为两种类型，如图8-14所示。

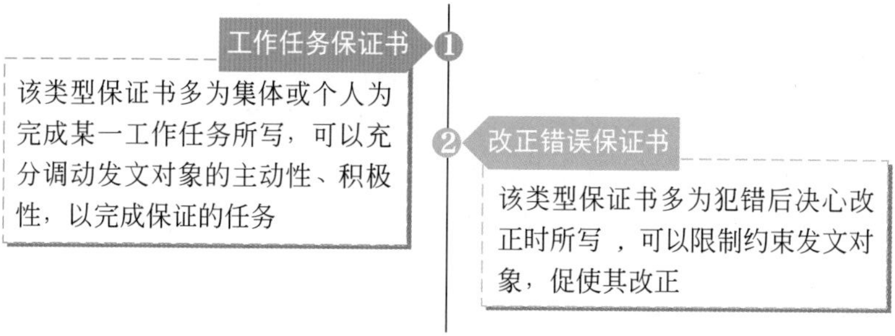

① 工作任务保证书
该类型保证书多为集体或个人为完成某一工作任务所写，可以充分调动发文对象的主动性、积极性，以完成保证的任务

② 改正错误保证书
该类型保证书多为犯错后决心改正时所写，可以限制约束发文对象，促使其改正

图8-14

8.5.3 保证书的模板与格式

保证书一般包括标题、称谓、正文及落款四部分，如图8-15所示。

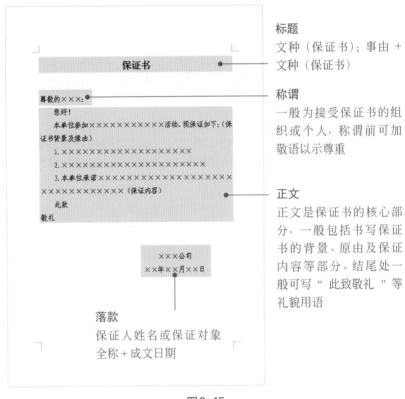

标题
文种（保证书）；事由＋文种（保证书）

称谓
一般为接受保证书的组织或个人，称谓前可加敬语以示尊重

正文
正文是保证书的核心部分，一般包括书写保证书的背景、原由及保证内容等部分。结尾处一般可写"此致敬礼"等礼貌用语

落款
保证人姓名或保证对象全称＋成文日期

图8-15

8.5.4 保证书的范文与注意事项

拟写保证书时，一般应注意以下三点：

● 保证书内容应精简详尽，保证内容清楚明了，无疑义；

● 保证书内容应实事求是，态度真诚可靠；

● 保证书用语应严谨细致，部分情况下保证书具有法律效力，在用词时应仔细斟酌。

以下为保证书【范文】：

投标保证书

尊敬的×××：

您好！我公司在综合考虑我司情况及投标文件内容后，决定参加贵公司组织的招投标活动，现保证如下：

1.我方提供的资质证书、营业执照、组织机构代码证等所有资料真实有效，所提交的复印件与原件一致，且没有借用他人资质。

2.我方保证从投递文件之日起至投标有效期内遵守本投标文件。在此期间，本投标文件对我方始终有约束力。

3.如贵方接受我方投标，我方保证按照招标人要求，在规定期限内开始施工，并保证本工程施工质量全部达到投标书承诺的标准。

4.我方同意提供贵方可能要求的与本投标相关的资质和资料。

5.我方理解贵方不一定接受我方中标，也无须说明我方未中标原因。

×××公司

20××年××月××日

8.6 倡议书

倡议书是具有倡导、建议性质的书信体文书，是日常应用写作中常见的一种文体，但倡议书并不具备强制性。

8.6.1 倡议书的含义和特点

倡议具有首先建议、发起的含义。倡议书即为倡议或发起某项活动而写的具有号召性的公开提议性文书。倡议书一般具有三个特点，如图8-16所示。

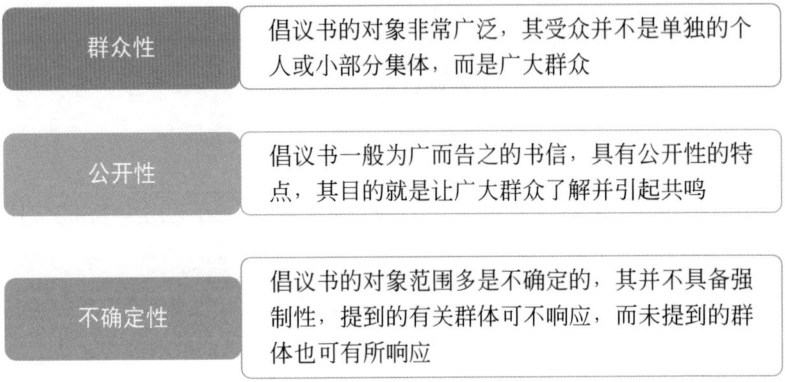

群众性
倡议书的对象非常广泛，其受众并不是单独的个人或小部分集体，而是广大群众
公开性
倡议书一般为广而告之的书信，具有公开性的特点，其目的就是让广大群众了解并引起共鸣
不确定性
倡议书的对象范围多是不确定的，其并不具备强制性，提到的有关群体可不响应，而未提到的群体也可有所响应

图8-16

8.6.2 倡议书的类型

根据发文对象的不同，可以将倡议书分为个人倡议书和集体倡议书两种类型，如图8-17所示。

个人倡议书
1
该类型倡议书一般为个人发起，多与日常生活相关
2
集体倡议书
该类型倡议书一般为群众集体发出

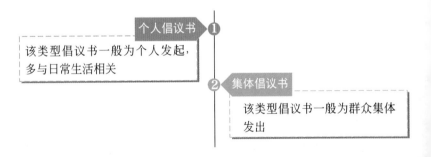

图8-17

8.6.3 倡议书的模板与格式

倡议书一般包括标题、称谓、正文及落款四部分，如图8-18所示。

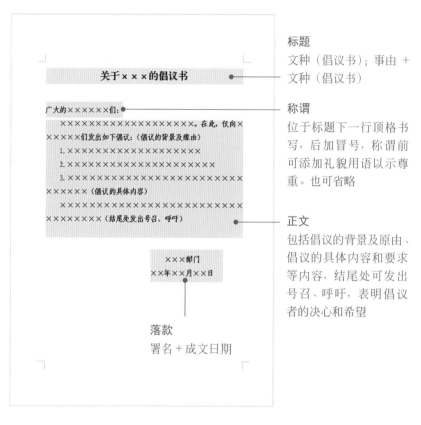

标题
文种（倡议书）；事由 +
文种（倡议书）

称谓
位于标题下一行顶格书
写，后加冒号，称谓前
可添加礼貌用语以示尊
重。也可省略

正文
包括倡议的背景及原由、
倡议的具体内容和要求
等内容，结尾处可发出
号召、呼吁，表明倡议
者的决心和希望

落款
署名 + 成文日期

图 8-18

8.6.4 倡议书的范文与注意事项

拟写倡议书时，一般应注意以下三点：

- 倡议内容应具体详细、条目清晰，以便受众更好地响应；
- 倡议书的内容及发表应符合相关规定；
- 倡议书内容应短小精练，通俗易懂。

以下为倡议书【范文】：

共建文明城市倡议书

广大市民朋友们：

你们好！

××市是我们共同的家园，作为××市的市民，我们既是城市文明的创造者，又是城市文明的受益者。为了创建文明城市，我们×××管理处谨向全体市民提出如下倡议：

一、告别陋习，从我做起。管住自己的嘴、手、脚，不说脏话粗话，不随地吐痰，不在公众场合大声喧哗、吸烟；不攀折花木，不乱扔垃圾，不损坏公共财物；不踩踏花木，文明行车，遵守交通规则等。

二、文明礼貌，以诚待人。自觉遵从公民基本道德规范，讲礼貌、守礼仪、有公德；遇到他人需要帮助，及时伸出救援之手；在人际交往中，诚实守信，以诚待人，彰显城市文明。

三、友爱亲邻，团结和睦。坚决奉行"诚信、友善"的社会主义核心价值观，与亲邻和睦相处，营造良好的社会风气。

四、热心公益，志愿有我。我们要积极参加社会组织的各种文明创建活动及社会公益行动，为创建文明城市添砖加瓦。

创建文明城市，构建和谐社会，离不开每一位市民的支持。让我们积极行动起来，从我做起，从身边小事做起，提升自身修养，养成良好的文明卫生习惯，共同创建美好家园！

×××管理处

20××年××月××日

第9章

礼仪类
文书写作

知识要点

1. 邀请书文种写作

2. 喜报文种写作

3. 讣告文种写作

4. 悼词文种写作

5. 贺电文种写作

9.1 邀请书

邀请是指请人到自己的地方来或到约定的地方去，邀请书即用于邀请客人参加活动的信函。一般商务、比赛、交流、会面等活动，都会使用邀请书发出正式的邀请。

9.1.1 邀请书的模板与格式

邀请书一般包括标题、称谓、正文及落款四部分，如图9-1所示。

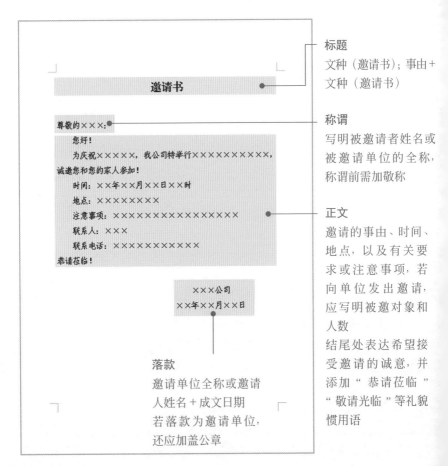

图9-1

9.1.2　邀请书的范文与注意事项

拟写邀请书时一般应注意以下三点：

● 用语应礼貌周到，表示诚意与友好；

● 邀请书应提前送达，以给受邀对象预留足够的时间；

● 邀请书应写清活动的具体日期及地点。

以下为邀请书【范文】：

年会邀请函

尊敬的××先生/女士：

　　您好！

　　仰首是春，俯首成秋，我们即将迎来充满期望和更具挑战性的20××年。承蒙您一直以来的鼎力支持，使我司取得了很大的成绩，在此，特向您致以真诚的感谢！

　　为庆祝即将到来的新年，我司谨定于20××年××月××日举行新春晚会暨抽奖活动，诚邀您和您的家人参加！

　　晚会时间：20××年××月××日下午17:00开始入场，19:00正式开始

　　晚会地点：香江路××大酒店

　　联系人：张××　××××-××××××××

　　注意事项：每张邀请函限带1人；期间抽奖，请随赐名片。

　　此致

敬礼！

××集团有限责任公司

20××年××月××日

9.2　喜报

　　喜报是报喜的文书，一般用于传达积极的好消息，是使用范围较为广泛的一种常见文体。

9.2.1 喜报的含义和特点

喜报是宣传单位或个人在某些方面取得优异成绩、传达喜讯的一种文书，一般具有两个特点，如图9-2所示。

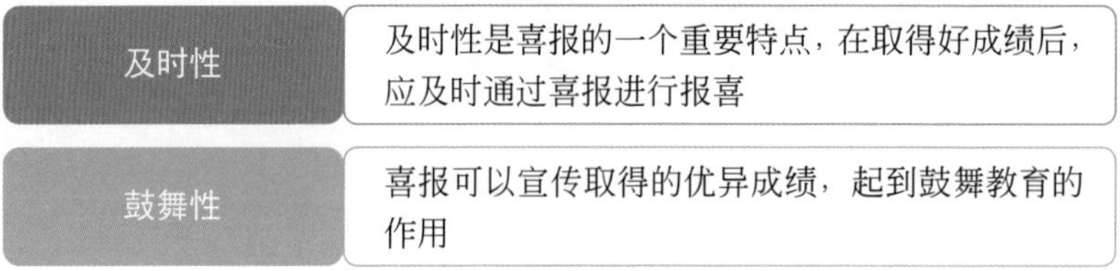

及时性	及时性是喜报的一个重要特点，在取得好成绩后，应及时通过喜报进行报喜
鼓舞性	喜报可以宣传取得的优异成绩，起到鼓舞教育的作用

图9-2

9.2.2 喜报的类型

根据对象的不同，可以将喜报分为三种不同的类型，如图9-3所示。

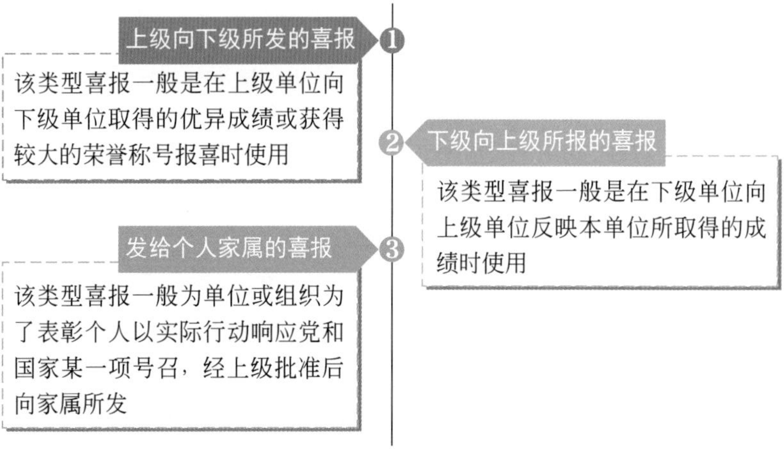

① 上级向下级所发的喜报
该类型喜报一般是在上级单位向下级单位取得的优异成绩或获得较大的荣誉称号报喜时使用

② 下级向上级所报的喜报
该类型喜报一般是在下级单位向上级单位反映本单位所取得的成绩时使用

③ 发给个人家属的喜报
该类型喜报一般为单位或组织为了表彰个人以实际行动响应党和国家某一项号召，经上级批准后向家属所发

图9-3

9.2.3 喜报的模板与格式

喜报一般包括标题、称谓、正文及落款四部分，如图9-4所示。

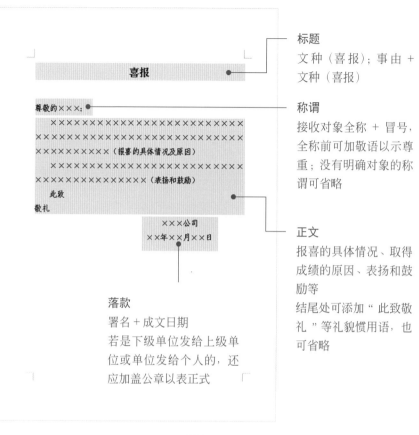

标题
文种（喜报）；事由 +
文种（喜报）

称谓
接收对象全称 + 冒号，
全称前可加敬语以示尊
重；没有明确对象的称
谓可省略

正文
报喜的具体情况、取得
成绩的原因、表扬和鼓
励等
结尾处可添加"此致敬
礼"等礼貌惯用语，也
可省略

落款
署名 + 成文日期
若是下级单位发给上级单
位或单位发给个人的，还
应加盖公章以表正式

图9-4

9.2.4 喜报的范文与注意事项

拟写喜报时一般应注意以下三点：

● 喜报的时效性很强，发送应及时；

● 喜报内容应严谨准确，避免出现错误；

● 喜报内容应做到客观真实，不随意夸大。

以下为立功喜报【范文】：

立功喜报

林×嘉同志：

　　林×许同志自20××年××月入伍以来，努力提高政治思想觉悟，认真学习军事科学知识，用心参加军事训练，服从领导，遵守纪律，在20××年年终评比中被评为三好战士，荣立三等功。

　　特此报喜！

中国人民解放军××××部队政治部

20××年××月××日

获奖喜报

　　在学校的正确决策和年级的大力支持下，经过全校师生的共同努力，我校在本届奥林匹克竞赛中再创佳绩。20××年第××届全国中学生奥林匹克竞赛结果揭晓，我校学子喜获4个一等奖、2个二等奖和2个三等奖的好成绩。

序号	学生姓名	性别	竞赛名称	获奖等级
1	孔×晚	女	全国中学生数学奥林匹克竞赛	一等奖
2	林×严	男	全国中学生物理奥林匹克竞赛	一等奖
3	王×	男	全国中学生物理奥林匹克竞赛	一等奖
4	许×以	男	全国中学生化学奥林匹克竞赛	一等奖
5	李×凤	女	全国中学生生物奥林匹克竞赛	二等奖
6	卫×	男	全国中学生生物奥林匹克竞赛	二等奖
7	黄×与	女	全国中学生数学奥林匹克竞赛	三等奖
8	聂×云	女	全国中学生化学奥林匹克竞赛	三等奖

特向获奖的同学表示热烈祝贺！

×××× 高中

20××年××月××日

9.3 讣告

讣告是人死后报丧用的文书，一般由死者所属单位组织的治丧委员会或死者家属发出。

9.3.1 讣告的含义和特点

讣原指报丧、告丧，告指让人知晓，讣告就是告知某人去世消息的一种丧葬应用文体。讣告一般具有三个特点，如图9-5所示。

庄重性	讣告是报丧的文书，具有庄重性的特点
简洁性	告不是悼词，其内容一般简洁精练，言简意赅
提前性	讣告发文时间一般早于追悼会、葬礼时间，以便死者亲友及有关人士及时地做准备

图9-5

9.3.2 讣告的类型

根据内容和性质的不同，一般可以将讣告分为三种不同的类型，如图9-6所示。

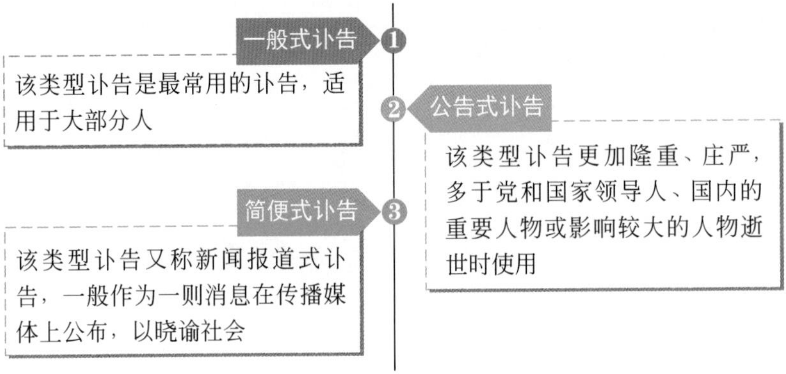

一般式讣告 ①

该类型讣告是最常用的讣告，适用于大部分人

② 公告式讣告

该类型讣告更加隆重、庄严，多于党和国家领导人、国内的重要人物或影响较大的人物逝世时使用

简便式讣告 ③

该类型讣告又称新闻报道式讣告，一般作为一则消息在传播媒体上公布，以晓谕社会

图9-6

9.3.3 讣告的模板与格式

不同类型的讣告有着不同的写法，拟写时可以根据需要选择。

（1）一般式讣告

一般式讣告是最为常用的一种讣告，一般由标题、正文及落款三部分组成，如图9-7所示。

（2）公告式讣告

公告式讣告隆重庄严，篇幅较长，其标题一般由发布机关的名称、文种（公告/宣告）及事由构成；正文以发文机关沉重宣告开头，写明逝者基本情况及生平简介，并作简要的评价，结语一般为"×××永垂不朽"的抒情句；落款处注明发布时间。

知识链接：

公告式讣告除讣告外，还另有文告宣布丧葬礼仪的具体安排与要求，及治丧委员会名单。

（3）简便式讣告

简便式讣告的内容和形式都很简便，一般作为一则消息在报纸上公布，以让社会各界人士知道。

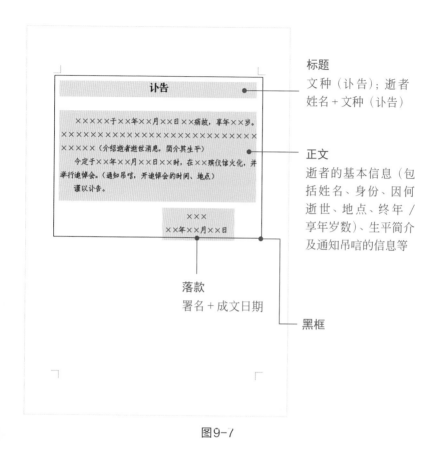

标题
文种（讣告）；逝者
姓名＋文种（讣告）

正文
逝者的基本信息（包
括姓名、身份、因何
逝世、地点、终年／
享年岁数）、生平简介
及通知吊唁的信息等

落款
署名＋成文日期

黑框

图9-7

9.3.4 讣告的范文与注意事项

拟写讣告时一般应注意以下四点：

● 按照我国传统，讣告只能用白色或黄色的纸，一般情况下，长辈用白色，晚辈用黄色（未成年者一般不发讣告）；

● 讣告应用黑字书写，四周加黑框，以示悼念；

● 讣告语言应简练庄重；

● 讣告须在追悼会或遗体告别仪式前发出，以方便死者亲友及有关人士及时地做准备。

以下为一般式讣告【范文】：

讣告

原××公司退休职工朱××同志，因病医治无效，不幸于20××年××月××日下午××时在医院逝世，终年八十三岁。朱××同志19××年××月生于江安市，19××年××月参加工作，20××年××月退休。

今定于20××年××月××日××时在××殡仪馆举行告别仪式，望亲朋好友前往吊唁。

特此讣告。

××公司治丧委员会

20××年××月××日

9.4 悼词

现代悼词演化自古代的诔辞、哀辞、吊文、祭文等，是对死者表示哀悼的讲话或书面文字，多在追悼会上宣读。

9.4.1 悼词的含义和特点

现代悼词有广义、狭义之分。广义上悼词是指向死者表示哀悼、缅怀与敬意的悼念性文章；狭义上悼词是指在追悼会上宣读的专用哀悼文体。悼词一般具有三个特点，如图9-8所示。

9.4.2 悼词的类型

根据用途的不同，可以将悼词分为宣读性悼词和艺术散文类悼词两种不同的类型，如图9-9所示。

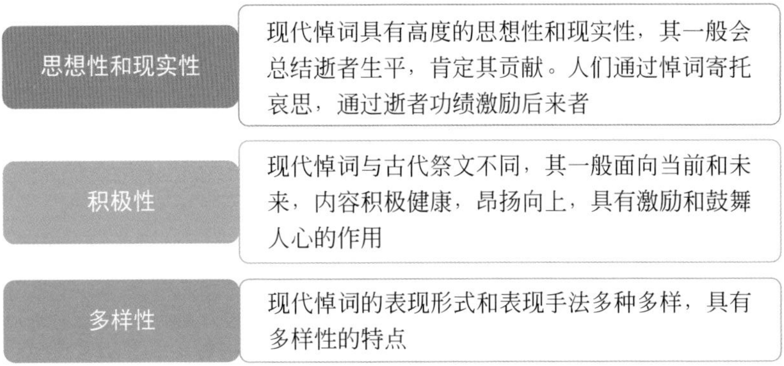

思想性和现实性	现代悼词具有高度的思想性和现实性，其一般会总结逝者生平，肯定其贡献。人们通过悼词寄托哀思，通过逝者功绩激励后来者
积极性	现代悼词与古代祭文不同，其一般面向当前和未来，内容积极健康，昂扬向上，具有激励和鼓舞人心的作用
多样性	现代悼词的表现形式和表现手法多种多样，具有多样性的特点

图9-8

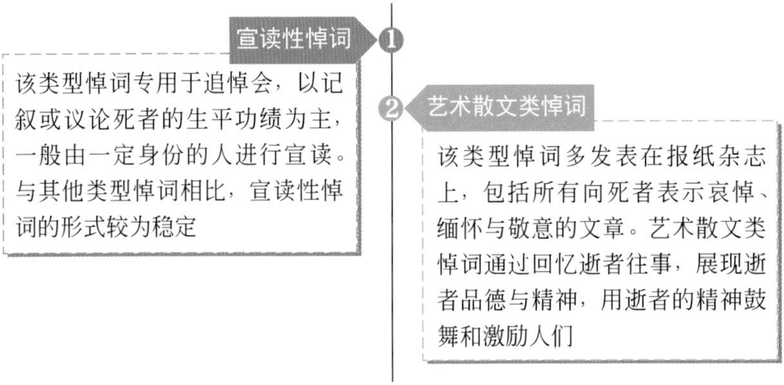

① 宣读性悼词

该类型悼词专用于追悼会，以记叙或议论死者的生平功绩为主，一般由一定身份的人进行宣读。与其他类型悼词相比，宣读性悼词的形式较为稳定

② 艺术散文类悼词

该类型悼词多发表在报纸杂志上，包括所有向死者表示哀悼、缅怀与敬意的文章。艺术散文类悼词通过回忆逝者往事，展现逝者品德与精神，用逝者的精神鼓舞和激励人们

图9-9

知识链接：

分类标准不同，悼词的类型也有所不同。除了根据用途分类外，还可以根据应用文体的不同，将悼词分为记叙类、议论类及抒情类等。

9.4.3 悼词的模板与格式

悼词一般没有固定的格式，形式及表现手法都非常多样，但宣读性悼词不同，其格式较为稳定，一般包括标题、正文及落款三部分，如图9-10所示。

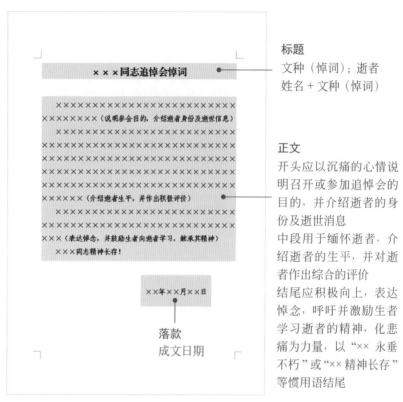

图9-10

标题
文种（悼词）；逝者
姓名＋文种（悼词）

正文
开头应以沉痛的心情说
明召开或参加追悼会的
目的，并介绍逝者的身
份及逝世消息
中段用于缅怀逝者，介
绍逝者的生平，并对逝
者作出综合的评价
结尾应积极向上，表达
悼念，呼吁并激励生者
学习逝者的精神，化悲
痛为力量，以"×× 永垂
不朽"或"×× 精神长存"
等惯用语结尾

（!）注意事项：

部分悼词需要添加称谓，悼词称谓一般是对参加追悼会人员的敬称。

9.4.4　悼词的范文与注意事项

拟写悼词时一般应注意以下三点：

● 悼词内容应从客观事实出发，根据事实对逝者作出合理的评价；

● 悼词内容不应尽是哀思，而应化悲痛为力量，以逝者的精神激励后来人；

● 悼词语言应简朴严肃，概括性强。

以下为宣读性悼词【范文】:

悼词

今天，我们怀着十分悲痛的心情，在这里深切悼念刘××同志。

刘××，男，19××年××月出生，××省××市人，20××年××月××日下午17:50左右因病逝世，享年五十五岁。

刘××19××年来我司工作，先后担任理货员、业务员、营业部负责人、总经理等职位。32年来，刘××同志在岗位上勤勤恳恳、兢兢业业，无论处于什么岗位，总是一心扑在工作上，爱岗敬业，默默奉献，多次被评为"先进工作者""先进个人"等。刘××同志对工作认真负责，一丝不苟，在任营业部负责人、总经理等职位期间，带领团队勇攀高峰，取得一项又一项骄人的成就。在生病期间，刘××同志还是坚持每天按时上班，不怕苦、不怕累，对负责的每项工作都细致地完成。他对工作认真负责、不辞辛苦的精神永远值得我们学习。

刘××同志一生正直善良，诚以待人，家庭和睦，团结邻里，在病痛缠身多年中，他始终保持着乐观积极的心态和精神，以顽强不屈的意志抵御着病痛的侵蚀。在他最困难的时候，依然始终关心公司的建设与发展，尽最大可能不给公司增添负担。

刘××同志的去世，使我们失去了一位好领导，更失去了一位好家人。他虽然离开了我们，但他对工作认真负责的精神，正直善良的人品，乐观向上的态度，永远值得我们学习和发扬。人死不能复生，我们应化悲痛为力量，学习和继承他的精神，以更加努力地工作来表达我们的悼念之情。

刘××同志精神长存!

20××年××月××日

9.5 贺电

贺电一般是以政府部门、企事业单位或首脑人物、代表人物名义发给有关单位、集体或个人的表示祝贺的电报，具有祝贺赞颂的意义。

9.5.1 贺电的含义和特点

贺电即祝贺的电报，是发给收电对象表示祝贺赞颂的电文。贺电一般具有三个特点，如图9-11所示。

及时性	贺电是对收电对象的祝贺赞颂，发送应及时
轻快性	贺电内容一般感情真挚，文字明快
精简性	贺电以精简的语言表达祝贺，其篇幅一般短小精悍

图9-11

🎞 **知识链接：**

根据发文目的不同，可将贺电分为对取得显著成绩、做出卓越贡献的集体或个人表示祝贺，对重大喜事表示祝贺及对重要人物的寿辰表示祝贺三种不同的类型。

9.5.2 贺电的模板与格式

贺电一般包括标题、称谓、正文及落款四部分，如图9-12所示。

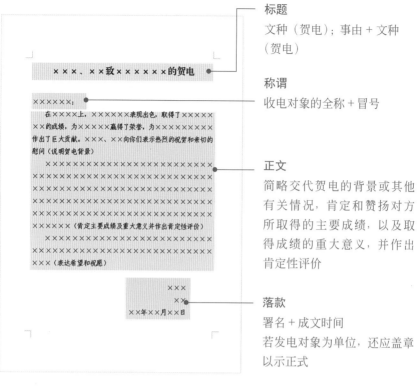

标题
文种（贺电）；事由＋文种（贺电）

称谓
收电对象的全称＋冒号

正文
简略交代贺电的背景或其他有关情况，肯定和赞扬对方所取得的主要成绩，以及取得成绩的重大意义，并作出肯定性评价

落款
署名＋成文时间
若发电对象为单位，还应盖章以示正式

图9-12

9.5.3　贺电的范文与注意事项

拟写贺电时一般应注意以下三点：

● 贺电篇幅不宜过长，过长即为贺信；

● 贺电发送要及时，不应拖延；

● 贺电用语应轻快积极，表达祝贺之情。

以下为贺电【范文】：

贺电

××公司：

喜闻××月××日是贵司成立60周年纪念日，我部谨向你们表示热烈的祝贺！

六十年来贵司全体职工艰苦创业、拼搏奋进，将××公司建设成为了我国最大的××生产基地，取得了令世人瞩目的辉煌业绩，为促进经济社会发展作出了重要贡献。××公司孕育的××精神，激励着中华儿女不畏艰难、勇往直前。

未来的十年，是国家深入实施"××××"战略的十年，是实现××××的关键十年。希望你们以习近平新时代中国特色社会主义思想为指引，牢记初心使命，发扬光荣传统，在××××中取得更大的成绩。

×××部门

20××年××月××日